子どもの心を強くする すごい声かけ

一般社団法人 日本ポジティブ教育協会　代表理事
足立啓美

主婦の友社

はじめに

予測不能な今だから、〝逆境に負けない力〟が武器になる

「人生の困難をしなやかに乗り越え、幸せに生きていける心の強さを育てたい」

今、そんな親御さんたちがとても増えてきています。

その背景には、「今ほど予測困難な変化の激しい時代はない」ということがあります。自然災害、ウイルス、気候変動など、世界的に未来への見通しが立たない不安。日常生活においては、複雑化する人間関係や加速度的に移り変わるテクノロジーに合わせた学びに対する不安。いったい、子どもたちには何を学ばせて、どんな道を進ませればよいのか？　多くの親御さんたちが不安を抱え、答えを探し求めています。

私自身も子どもを育てる母親として、不安に思い、考え込むことが多々あります。できれば子どもたちには、穏やかな人々に囲まれ、争いのない環境、困難のない道を用意してあげられたらと思います。しかし、どう考えても、そのような平和で波風の立たない人生を用意することは難しいでしょう。なぜなら、実際には人生には嫌なこ

とやつらいこと、失敗することがたくさんあるからです。そのような経験をさせないようにするのではなく、それらを乗り越えて、喜びに変えていく力を身につけさせることが、子どもたちが人生を幸せに生きる秘訣でもあるからです。そして、その力は大人が与えるものではなく、自分の中で育てていくべき、子ども自身の力なのです。

だからこそ、**「どんな時代になっても、どんな環境でも、困難に負けずにたくましく生き抜く力こそが、子どもたちの唯一確かな武器になる」**とは思えないでしょうか。

こうした**逆境や困難に負けない力を「レジリエンス(resilience)」**といいます。レジリエンスとは、英語で回復力、復元力の意です。「逆境に負けない」と聞くと、何にも動じないタフで強い心をイメージされるかもしれません。しかし、レジリエンスとは、折れたりへこんだりしても、そこから立ち直るしなやかな心の強さを指します。

本書は、**このレジリエンスを、毎日親御さんが子どもたちに行う「声かけ」で確実に育てていく方法をお伝えするものです。**

〝逆境に負けない力〟は誰でも持てる

心理学をベースにこの逆境力を育てる「レジリエンス教育」が、私の専門とするところです。子どもたちが困難に負けずに、自分らしい強みや才能をどうしたら発揮できるのかを研究し、得た知見を、親御さんたちや子どもたちへお伝えしています。

「心の強さなんて……もともとの性格によるんじゃない？」

「生まれつきの気質なんて、いまさら変えられないよね」

そう思われるかもしれません。しかし、私が代表を務める一般社団法人日本ポジティブ教育協会の顧問であり、欧州でポジティブ心理学を牽引する、イローナ・ボニウェル博士をはじめ、多くの研究者は、「レジリエンスは育てることができる」と語ります。実際に、ボニウェル博士はその理論と体系立った方法で、イギリス、フランス、オランダ、日本、シンガポールなど各国の教育現場やビジネスの世界でレジリエンストレーニングを実践し、目覚ましい成果を上げています。

心理学において、レジリエンスの概念が生まれたのは、1960~1970年代のこと。そのきっかけは、親の精神疾患など家庭にさまざまなストレス要因があっても、良好な発達や社会適応をする一部の子どもたちの存在でした。その子どもたちが持つ適応能力や回復力を指す概念として、レジリエンスが用いられるようになったのです。その後、1980~1990年代には、レジリエンスを育てるための因子に関する研究が進み、2000年代からは、個人内のレジリエンス要因について研究が多数行われています。

このような長年の研究から、レジリエンスには次の三つの大きな側面があることがわかりました。

1 レジリエンスは誰もが持つ心の力
2 個人のレジリエンス要因は多様で、生まれつきの個人差もある
3 経験や知識、スキルによって育つ学習可能な能力

毎日の「声かけ」が、子どもの世界を見る目を左右する

プロのアスリートや有名人など特別な人だけが持つと思われがちなレジリエンスですが、実は誰もが必ず持っている力です。

本書では、この誰もが持つレジリエンスを、家庭で毎日できるかたち——つまり「声かけ」を実践することではぐくみ、レジリエンスの高い子どもに育てる方法をお伝えしていきます。

そして、本書にはもう一つ目的があります。それは、子どもたちが困難な状況でも力を発揮できるように、親子のコミュニケーションの質を向上させることです。

適切な声かけが子どものレジリエンスを育て、親子のコミュニケーションの質を高める——そのわけは、両親や子どもをそばで見守る大人の声かけは、ときに子どもたちの世界の見方となり、考え方の一部となるからです。

私が以前勤務していたオルタナティブスクールに通っていた生徒に数年後に再会したとき、「つらかったときに言ってくれた『物事は日に日によくなっていくよ。その日その日を懸命に生きていれば絶対にいい方向に進むよ。大丈夫だよ』という言葉がいつも心に残っていて支えてくれます」と伝えてくれたことがありました。うれしく思ったと同時に、そこまで強く、何年にもわたって、子どもたちへかけた言葉が影響することに、身が引き締まる思いでした。

同じように、読者のみなさんが、子どもたちに行う日々の声かけは、子どもたちがこれからの人生の中で、何度も思い出す言葉となるでしょう。そのときに、**逆境や困難から立ち直る言葉を持つか、へこたれてしまう言葉を持つかでは、生きやすさが大きく変わることはまちがいありません。**

私たちは誰もがレジリエンス（逆境や困難に負けずに立ち直る力）を持っています。しかしながら、人によって、立ち直りを助けてくれる要因は異なります。持ち前の粘り強さであったり、信頼して相談できる誰かの存在だったり、その子が持っている立ち直りを支えるさまざまな力は、いくつかの「種」として子どもの中に眠っています。どのようなレジリエンスの種を持つかは、人それぞれに違います。日々の生活の中で、子どもの持つレジリエンスの種を発見するためには、適切なコミュニケーションが欠かせません。

あわせて、これからご紹介する声かけという肥料を与えることで、子どもたちのレジリエンスの種はぐんぐん育っていくでしょう。そして、安心感や希望、落ち着きやつながりを感じられる大人との関係が、その種を力強く育てる土壌となります。

このように、その子なりのレジリエンスの種を育てることが、困難な状況でも自分で自分を奮い立たせて、立ち直れる力を育てることになります。

そして、その立ち直る過程（プロセス）こそが、人生を豊かにする財産となって子どもたちを支えてくれるでしょう。

みなさんと一緒にレジリエンスを育てる子育てを実践できることを、うれしく思います。同志として、一歩一歩できることから進めていきましょう。

子どもの心を強くする
すごい声かけ　目次

はじめに

プロローグ

心が弱いと思える子ほど、親の声かけでどんどん変わります

「ストレスに弱い」「自信がない」「すぐあきらめる」子も大丈夫！

第1章

効果的な声かけをするために 親が知っておくべき7つの大事なこと

大事なこと

3

「感情は自分で選べるもの」と教えよう……80

大事なこと
4
できないことだけじゃなく、できることにも注目しよう …… 110

大事なこと
5
結果だけじゃなく、「努力した過程」をほめよう …… 122

大事なこと

6 性格的な「強み」を育てる……136

大事なこと

7 親子の絆を強くする……160

第2章

実践！困難に負けない子どもに育てる親の声かけ

プロローグ

「ストレスに弱い」「自信がない」

「すぐあきらめる」子も大丈夫！

心が弱いと思える子ほど、親の声かけでどんどん変わります

「うちの子は心が弱い…？」
そんな不安を持っていないでしょうか

なかなか自分の意見が言えない。すぐあきらめてしまう……。
そんなわが子の様子を目の当《ま》たりにすると、
親としてはもどかしく不安になるもの。
しかし、傷ついたり、落ち込んだり、失敗してへこんだりすることも
貴重な経験です。
重要なのは、そこから立ち直る力を発揮できるかどうか、です。

「心が弱い」のは、その子の特性の裏返し

「うちの子は心が弱いかも？」と思うような出来事を見ると、親としては、もどかしく不安になることもありますね。このままで、人生を生き抜くことができるのか？と戸惑ってしまうこともあるかもしれません。

しかしながら、**一見、心が弱いと思われるようなお子さんは、その子らしいすばらしい特性を持っているもの。たとえば、とても繊細なことに気を配れて、真面目でやさしいという、優れた性質を備えています。ちょっとしたことで思い悩むのは、その特性の裏返しであるといえます。**心が弱いということは、必ずしもマイナスなことではありません。

逆境や困難に立ち向かうには、どんな出来事にもビクともしない「強い心」や「折れない心」が必要であると、多くの人は考えますね。しかし、心の強さには、実は2種類あるのです。一つは、先のようなストレスに対して動じないタフともいえる強さ。

もう一つは、傷ついても、そこから立ち直れる力です。

ストレスを感じて傷ついたり、落ち込んだりすることもあるけれど、そこから立ち直る力があることもまた、強い心です。私は、この「しなやかな強さ」こそが、今の子どもたちにとって重要なものであると考えています。目まぐるしく変化していく時代には、予期せぬことがたくさん起こります。そのような時代には、何があってもびくともしない強さより、つらい経験から落ち込んだりしても、気持ちを立て直すことができる「しなやかな強さ」を育てていくことが重要です。

今は心が弱いと感じていても、全く問題ありません。むしろ、人の痛みがわかる繊細でやさしい心を備えながら、しなやかな強さをあわせ持った大人になれる素質があると考えてください。

心を育てることは、筋トレと同じです。日々、困難をうまく乗り越えられるように親や大人がサポートしながら少しずつ、継続的にトレーニングすることで、しなやかな強さは徐々に育てていけます。

激増している
子どもの世界のストレス

ＳＮＳやインターネット、いじめ、受験、学校や家庭などの人間関係……。
現代の子どもたちは、
これまでにない多種多様なストレスにさらされています。
その結果、子どものうつや自殺が、世界中で増えています。
こんなストレスにあふれた社会の中で、子どもたちを守るのは、
学力でもなく、経済力でもありません。
困難や変化を乗り越えていける、しなやかな強さ、生きるための力です。

あらゆる困難から子どもたちを守るもの

現代の子どもたちは1世紀前に比べて大きな変化と多様なストレスを日々経験し、「より複雑な感情の中で生きている」といわれています。

自然災害、新型コロナウイルスによるパンデミックなどの社会的な大事件に加えて、SNSやコミュニティーでのトラブル、進学や人間関係、健康状態の変化や日常生活のいら立ちを感じる出来事など、数多くのストレスを感じています。

実際に、文部科学省の調査では、不登校やいじめも年々増加傾向にあります。いじめや不登校は中学生で、ひきこもりは青年期全般で増加するなど、その後の成人期における社会的適応にも関連していることが指摘されています。不登校から、ひきこもりへと移行していくケースも少なくありません。

また、日本を含めた先進国に共通する深刻な課題として、抑うつの低年齢化があげられます。児童期の抑うつは、他者への攻撃性として出ることも報告されています。
また、**うつ病の症状には「死にたい気持ち（自殺念慮）」があるため、自殺との関連も高いとされています。**これだけの現代社会の課題を見てみても、子どもたちが生きづらい社会を反映しています。

「いじめにあってほしくない」「不登校にはならないでほしい」「心を病むことなく、すこやかに育ってほしい……」、親御さんなら、誰もが強く望むことでしょう。しかし、**子どもたちがこれだけ多種多様なストレスの中で生きている以上、一度も困難や挫折にぶつからずに生きていくことは、ほぼ不可能です。**

だからこそ、現代の子どもたちには、学力だけではなく、困難や変化を乗り越えていける「生きる力」を育てることが欠かせません。

レジリエンスに代表される生きる力は、信頼できる大人の受け止めとサポートがあれば、必ず育ちます。

世界中で広がる「子どもの心を守る教育」

私たち大人が経験したことのないストレスにさらされる子どもたち。
その心を守る取り組みが、今、世界中で始まっています。
ヨーロッパ、アジアの多くの国で、学力だけでなく、
「しなやかな強さこそ必須のスキル」として
レジリエンス教育が広がっているのです。

世界各国の名門校が「子どもたちの心を守る教育」をスタート

先のとおり、これまでにないストレスを受けている子どもたちの心が今、危険にさらされています。

イギリスでは、5～16歳の子どもで精神疾患を発症する子どもが6人に1人（2020年調べ）といわれています。また、14歳の女の子の4人に1人が、自傷行為の経験があるという報告もされています。このような状況から、イギリス政府は多額の予算を子どものメンタルヘルスに組み込みました。

さらに、シンガポールでも18歳以下の18％が心の病にかかった経験があると報告されました（2018年調べ）。しかもそれは、年々増加傾向にあるといいます。

これを受け、今、世界各国が子どもたちの心を守るための取り組みを始めています。しかも〝早急に〟必要であるとして、その広がりのスピードは年々加速しています。

子どもの心を守るための取り組みの大きな柱の一つとなっているのが、レジリエンスの概念です。

アメリカ、オーストラリア、イギリス、シンガポール、インド、中国など、さまざまな国で、レジリエンスを育てるための教育の実践や研究が進められています。**私が2014年に訪問したシンガポールの名門校では、生徒のメンタルヘルス向上のため、学校全体でレジリエンス教育を実施していました。**

私もまた、児童期から青年期を対象に、日本におけるレジリエンス教育プログラムの実践研究を進めているところです。私が代表を務める日本ポジティブ教育協会においても、レジリエンス教育プログラムを一般的な学校、適応指導教室、学童（アフタースクール）などで実践し、さまざまな特性と事情を持った子どもたちとレジリエンスを育てる取り組みを行ってきました。

その結果、さまざまなポジティブな変化が子どもたちにあらわれています。それについても、これからお伝えしていきましょう。

親の声かけが、子どもの心を守る「ワクチン」になる

親からもらった言葉は、子どもの心を守るワクチンになります。
困難や逆境に対面したときに、親からの「声かけ」という
予防接種を受けているかどうか？
それが、子どもの心の行き先を大きく左右します。

声かけが、長期的に子どもの心をストレスやうつから守る

各国の教育現場では、レジリエンスを育てることで、うつ病などの精神疾患を予防しようとする試みが広がっています。そのなかで、**子どもたちのレジリエンスを育てることは、困難や逆境に対する心の耐性を高める、予防接種のような効果を持つことが明らかになっています。**

元米国心理学会会長であり、ポジティブ心理学の創設者の一人であるマーティン・セリグマン博士は、子どものうつ病を予防するために、物事のよい面をとらえる力を育てたり、人とのかかわり方について学んだりするための教育プログラムを開発しました。この教育プログラムを「心のワクチン」であると表現しています。その名のとおり、**プログラム終了後も、長期的に効果が続いたとの報告がなされています。レジリエンスを育てるということは、まさに心のワクチンを打つということなのです。**

セリグマン博士は、無力感の原因や治療、予防について研究した心理学博士でもあ

り、「自分ではコントロールできないことが何度か起こると、何もせずにあきらめてしまう」という現象について研究をしました。

そこでわかったのは「コントロールできない物事自体が問題ではなく、それを自分ではどうにもできないという経験を繰り返すことで、解決に向けての行動をしなくなる」ということでした。これこそが、「学習性無力感」という概念です。

この学習性無力感がうつ病に似ていたことから、無力感を減らす方法を見つけることで、うつ病の治療に役立てようとしたのです。そこから、精神疾患の予防を目的とした、子どものための教育プログラムが始まりました。その後、さまざまなレジリエンス教育が世界的に実施されるようになりました。

その多くは、学校で実施されるプログラムになっていますが、本書では、家庭で「声かけ」というかたちでレジリエンスを育てるための具体的な方法をご紹介していきます。子どものいちばん近くにいる親や養育者からの声かけは、最大の「心の予防接種」となるからです。

心を強くする「親の声かけ」で子どもはこう変わる！

子どもの心を守るレジリエンスを育てるカギは、
親が行う日々の「声かけ」。
レジリエンスを伸ばすと、心を強くするだけじゃなく、
人生を幸せに生きるために必要な
さまざまな能力も目覚めます。

強さだけじゃない！さまざまな能力を開花させる「声かけ」

　レジリエンスは、個人の心の力（個人内要因）と、サポートしてくれる人や環境（環境要因）がお互いに影響し合って、育っていきます。「個人内要因」とは、社会とかかわっていける能力や楽観性、自己効力感（自分はうまく行動ができると信じる気持ち）、自己肯定感（自分を肯定できる気持ち）や共感性など、子どもたち自身の内側で育てていく、心の力です。一方で「環境要因」とは、家庭環境や親子関係、家庭内での規律や学校など家庭外からの情緒的サポートなど、外的に見られる要因です。この両方の要因を育てていくことがとても大切になります。

　私が代表を務める協会で提供している「レジリエンス教育プログラム」は、イローナ・ボニウェル博士が開発し実証した「SPARKレジリエンス・プログラム」を日本人に合うかたちにアレンジしたものです。日本でも、数々の教育現場で実施され、その効果が確認されています。当協会で実際にレジリエンス教育を行ってきた経験から、具体的には以下の力が育つことがわかっています。

①自分の気持ちが理解できるようになる
②立ち直りが早くなる
③考え方が柔軟になる
④コミュニケーション能力が上がる
⑤新しい環境や新しい人間関係にも対応しやすくなる
⑥感情のコントロールができるようになる
⑦新しいことにも挑戦してみようと思える
⑧自分らしさを大切にできる
⑨よい人間関係を築くことができる

本書の声かけは、親子のコミュニケーションの質を向上させ、お子さん自身がレジリエンスの個人内要因を育てられるように、そして、それに伴って右記のようなさまざまな能力を開花させることができるように、考え抜いた内容としました。

繊細さんのレジリエンスもぐんぐん伸びる！

「人一倍敏感であること」は、実は大きな武器になります。

ちょっとした言葉に対しても敏感に反応する、ということは、

「よい声かけ」に対しても敏感に受け止めて

大きく影響を受けてくれる、ということ。

実際に、レジリエンス教育の現場では、敏感で繊細な気質が、

レジリエンスの育成によい影響を与えています。

ビク

敏感な子どものレジリエンスも「よい声かけ」と、「よい環境」で育ちます

一見するとマイナスのように思える心の弱さは、その子の持つ特性の裏返し、とお伝えしました。しかし、**「傷つきやすい」という繊細な気質が、レジリエンスを育てるうえで好ましい影響を与えうることが、当協会の理事（岐部智恵子・鈴木水季ら）の研究から明らかになりました。**

本書の声かけのベースになっている「レジリエンス教育プログラム」を高校生に対して実施したところ、人一倍敏感な気質を持つ生徒たち（ＨＳＣ）は、レジリエンス教育の実践後、抑うつ傾向の軽減や自尊感情の高まりが大きいことが示唆されました。ＨＳＣの持つ敏感さが、レジリエンス教育の学習や内省に対して、ポジティブに作用したと考えられます。

ＨＳＣの気質を持つ子どもたちは、ちょっとした変化や、音、人の気持ちにも非常に敏感で、その感受性の高さゆえに傷つきやすく、いろいろとストレスをかかえてし

まう傾向にあります。彼らはほかの人にとっては気にならないことまで、敏感に感じとってしまうので、ふだんの生活では心身ともに疲れやすく、困難を感じていることもあるかもしれません。

しかし、そうしたＨＳＣ気質の子どもたちは、逆にいえば、周りの大人からの働きかけや環境に大きく影響を受けるという特性を備えています。

そのため、**大人から共感され、よい声かけをしてもらうこと、そしてその子らしさを発揮できる環境づくりや働きかけを行ってもらうことで、それらに強く影響を受けて自らのうちに十分に吸収し、それをスプリングボードとして、よい方向へグンと伸びやすいのです。**

先に、「自分の子は、心が弱いんじゃないか……と心配しなくても大丈夫！」とお伝えしたのは、こうした理由があります。むしろ、繊細さん気質の子どもは、周りからのよい影響を受け、生きる力を育て、発揮することができるのです。

「心の強さ」は勉強の土台、社会的成功の懸け橋になる

レジリエンス教育を受けた子どもたちは、
学力が上がり、社会に出ても活躍できる。
そんな研究結果が次々と報告されています。
難しい問題もあきらめず、学習し続ける力。
いろいろな人とかかわる力、失敗してもまたやり直せる力。
勉強にも、仕事にも、心の強さの有無が大きく影響します。

「心を強くする声かけ」で成績アップ、社会的にも成功する！

今、レジリエンスをはじめとする「非認知能力（スキル）」が注目されています。非認知能力とは、成績ではかることができる勉強のような認知能力とは違い、目に見えるかたちではかれない心の力のことをいいます。世界37カ国が加盟するOECD（経済協力開発機構）では、「社会情動的スキル」とも呼ばれています。

私が行っている「ポジティブ教育」もまた、この非認知能力を伸ばすためのもの。心の力を備えることで、子どもたちが幸せにたくましく生きていく力を育てるために活動しています。具体的には、ポジティブ心理学の枠組みを支える「レジリエンス」に加えて、子どもたちそれぞれが持つ「強み」や、よい対人関係ややる気などの「ウェルビーイング（幸福感）」につながる力を育てています。

なぜ、非認知能力は重要なのでしょうか？

一つは、**学力の土台にもなるということがあります。非認知能力は学びに向かう力といわれることもあり、好奇心・協調性・自己統制力・自己主張力・がんばる力などに関係する力を育てることで、学業にもよい影響をもたらします。**子どもたちが自ら学ぶ「アクティブラーニング」が始まって数年たちますが、暗記型の教育から一転して、自ら探求し、答えを導き出せる力が必要となります。

実際に、**アメリカの研究では、心の教育を行うことで子どもたちの勉強意欲が向上し、成績が上がったという報告があります。**難しい課題やわからない問題に対しても、あきらめない心があるために、こうした結果があらわれたと考えられます。

また、**レジリエンスや幸福度の高い子どもは健康でストレス対応力が高く、社会的に責任の高いポジションにつく傾向がある、**という研究報告もあります。

親からの言葉は、長期間にわたって子どもの心を守るワクチンになると、先にお伝えしました。子どもの生涯にわたって、親の声かけが人生を明るく照らし、逆境のときには励ましとなって、よい影響を与え続けてくれるのです。

プロローグまとめ

予防だけではなく「育成」の視点も大切

イギリスの経済学者であるリチャード・レイヤードらの研究によると、大人になってからの人生満足度は、幼少期の学業成績や生活態度よりも、「精神的健康」が大きく影響すると報告されています。

人生における成功を経済力で判断するとしたら、幼児期に学力を育てることは重要でしょう。しかしながら、幸せに生きることを人生の目標とするならば、子どもの感情面を育てていくことこそが、大きな意味を持つと証明されたのです。「幸せはお金では買えない」という言葉も納得がいくのではないでしょうか。

そして、この精神的健康を育てるカギは何かというと、「家庭や学校で科学的実証にもとづいたメンタルケアのプログラムを行うこと」が重要であると結論づけられました。

つまり、私たち親は、つい子どもの成績をよくしようとしたり、お金に困らない仕事につけるようにしてあげようと考えたりしがちですが、この研究の結論からは、実は長期的に見て、それだけでは子どもの人生を幸福感で満たすことは難しそう、ということがわかります。

では、私たち親は、子どもの心に幸せの芽を育てるために、何をしなくてはいけないのでしょうか。

それは、「リスクの予防」と、「よい要素の育成」の両方が重要であると、ポジティブ教育では考えられています。

リスクの予防とは、レジリエンス教育を行うことでうつなどの精神疾患を予防したり、燃え尽きなどのリスクを下げるということ。そして、「よい要素の育成」は、子どものやる気や強み、よりよい人間関係を築く力を育てるということです。

この予防と育成は、お互いに影響し合って、たくましく生きる力を育てていきます。そして、それを家庭で実行するすべが、親からの声かけです。

第1章

効果的な声かけをするために

親が知っておくべき7つの大事なこと

大事なこと

1

ネガティブ感情は否定しないで受け止める

親であれば、子どもにはいつでも明るく、幸せな気持ちでいてほしいと願うものです。そのために、ある日子どもが悲しみや怒りの気持ちを態度や言葉にあらわしてきたとき、ついついそれを否定するようなことを言ったり、子どもの気を紛らわそうとしたりしてしまいます。ときには、叱りつけてしまうことさえあるかもしれません。

しかし、実は困難や逆境に直面して、子どもがネガティブな感情を抱いたときこそ、強くしなやかな心を育てるうえで重要なターニングポイント。このときに、**子どもが抱いたネガティブ感情を否定せず、親としてどう受け止め、どう声かけをするか？それによって、その後の子どものレジリエンスに大きな差が生まれます。**

ここでは、このネガティブ感情をどう受け止め、どんな声かけをすれば心を強くはぐくむことにつながるのか、お伝えしていきましょう。

私たちは日々、さまざまな気持ちを感じていて、その感じ方は成長するにしたがって変化していきます。たとえば、赤ちゃんのころの「快」か「不快」か、という単純な感じ方から始まり、成長するにしたがって、徐々に「喜び」「怒り」「悲しみ」「恐れ」といった気持ちまで、より複雑な感情を感じられるようになります。

ところが、この子どもの「気持ちの成長」について、親はつい見逃してしまいがちです。「歩けるようになった」「ひらがなが書けるようになった」などの成長はわかりやすいのですが、心の成長については、目に見える変化がない分、気がつかないことが多いようです。きょうだいにやきもちをやいて悪さをしたとき、その感情を感じられるようになったことを親が喜ぶことはあまりないかもしれませんね。

そのため、**子どもの気持ちの成長において、とても大切な親のサポートが抜け落ちてしまうことが少なくありません。**しかし、たくましく、幸せな人生を送るためには、外から見える成長に加えて、目には見えない心も育てていくことが欠かせません。

大事なこと 1

ネガティブ感情は、大事なものを守るための心の働き

子どもの心を育てるうえで基本となるのが、「子どもが自分自身の気持ちと仲よくなる」ように導いていくことです。感情知能を育てていくことともいえます。感情知能とは、自分や他人の感情を認識、理解し、うまくとり扱う能力のことです。この力は、よりよい選択や行動につながり、良好な人間関係を築いたり、学業によい影響を与えたりすることがわかっています。そして、この力は自宅や学校で接する大人に影響されます。ですから、親が子どものコーチとなって、子ども自身や他人の感情について話し合うことで、気持ちと仲よくなる力を伸ばすことができるのです。

「そう言われても……具体的に何をすればいいの？」と途方に暮れてしまうかもしれません。そこで、まずは「気持ち」について理解を深めてみましょう。

私たち人間が日々感じているさまざまな気持ちについて、心理学においては一つの

考え方として「ポジティブ感情」と「ネガティブ感情」とに分類できます。楽しい、うれしいといった、感じると心地よさや喜びを覚えるのが、ポジティブ感情。そして、悲しみや不安やイライラなど、体験すると不快な感じになるのがネガティブ感情です。

どちらの気持ちがよい悪いということではありません。感じると快か不快かという分類です。**どちらのタイプの感情もそれぞれに意味があり、生きていくうえでは大切であり、誰もが持っているものです。**

多くの人が、できるならば味わいたくないし、遠ざけておきたいと思うネガティブ感情には、どのような意味があるのでしょうか？　たとえば、夜道を歩いているとき、背後からカサッと物音がしたとします。心臓がドキドキして、冷や汗をかくと同時に「怖い！」と感じ、その気配に意識は集中し、命を守ろうと逃げる態勢になるのではないでしょうか。つまり、恐怖を感じるから、危険な状況から逃げようと試みることができます。ほかのネガティブ感情も同じように意味があります。「怒り」は自分の大切なものが侵害されたというサインであり、大切なものを守ることにつながります。「悲しみ」は失ったものの大切さを教えてくれますし、「落ち込み」は体を休めて心身を守る必要があるというサインになります。

つまり、**ネガティブ感情は進化論的に、生存本能として私たちが自分の命を守るために存在しているのです。**このような重要な役割があるため、人はネガティブな感情を感じやすく、ネガティブな出来事がより頭に残りやすいといわれています。これを「ネガティビティ・バイアス」と呼びます。その日のいやな出来事がずっと頭に残ったり、子どものできない部分のほうが気になったりしてしまうのも、この特徴のせいです。

私たち大人は、子どもがネガティブ感情を示したときに、ポジティブな気持ちになるようにと盛り上げたり、機嫌を直そうと試みたりすることがあります。しかし、ネガティブな感情を感じられること、そして、ときにネガティブな感情を持ちながらも行動する力を育てることは、強い心を育てるうえで欠かすことができません。

お子さんがネガティブな感情を表現したときは、無理に気持ちを変えようとしたり、判断したりすることなく、まずはじっくり話を聞き、そのままの気持ちを認めて受け止め、感情を感じられる時間を与えてください。そのうえで、子どもが気持ちを立て直して問題を解決していけるよう、サポートをしていきましょう。

ネガティブな感情を言語化してあげる

子どものネガティブ感情を受け止めたあと、私たち親はどう心をサポートすればよいのでしょうか？　それは、「子どもの気持ちを言葉にしてあげる」ことです。

自分の気持ちをあらわした言葉を親からかけられることで、その出来事から少し距離をおくことができ、出来事へのストレスを軽減し、気持ちを楽にしてくれる効果があります。また、子どもは「私の気持ちを正しくわかってくれている。受け止めてくれている」と感じ、傷ついた心を癒やすことができます。

この繰り返しによって、親子の絆が深まり、よい関係性を築いていくことができるのです。私たち大人も不安なとき、イライラしたとき、その気持ちを抑え込まずに、頭の中であっても言語化することで、気持ちが落ち着くことがわかっています。

では次に、実際にあった出来事で、「ネガティブ感情を受け止め、言語化する」ということを、わかりやすく解説してみましょう。

9歳の女の子、あおいちゃんは、学校のクラス替えでいちばん好きなお友達といっしょのクラスになれなかったと落ち込んでいました。学校から帰宅し、しょんぼりと「大好きなお友達と同じクラスになれなかったよ」と言いました。お母さんは「そう。別のお友達がすぐできるよ。大丈夫よ。別のクラスでも放課後は遊べるでしょ」と答えたそうです。それでも涙ぐむあおいちゃんに、さらにお母さんは「めそめそしていたら、新しいクラスのお友達もできないわよ」と言ったそうです。

お母さんは、別のお友達の存在に気づかせてあげたり、励ましたりするために、そう声をかけたのでしょう。これらのことは前に進むためには大切ですが、お母さんは、その前にいちばん大切なことを忘れてしまっていたといえます。

それは、**子どもの気持ちに目を向け、それを受け止めるということ。そして「子どものネガティブな気持ちを言葉にして声をかけてあげる」ことなのです。その言葉が、子どもの気持ちを楽にして、状況を乗り越えるために必要になるからです。**

たとえば、残念そうな表情で「さみしいね……大好きなお友達だものね」「一緒のクラスになれなくてがっかりだよね」「違うクラスになって寂しくて心細いよね」、そうお母さんから声をかけられたとしたら、あおいちゃんは、自分の気持ちを理解してもらえたと感じられたことでしょう。また、一歩踏み込んで「今までと違う変化があるって、怖くて不安になるよね」と、直面している出来事の意味を言語化していくことで、子どもは自分の心の整理をすることができます。そこでやっと出来事に対するストレスが軽減し、前向きな視点を持てるようになるのです。

すぐに前を向くように励ますことより、まずは今感じている気持ちを受け止めて、言葉にしてあげることが立ち直る力を発揮するには近道となります。**感じている心の痛みの存在を認め、そこに「共感の言葉」で命を吹き込むことは、心の苦しみを軽減することにつながるのです。**

感じている気持ちを言葉で言いあらわすことを「気持ちのラベリング」といいます。カリフォルニア大学のマシュー・リーバーマン教授らの研究では「自分の感情を言葉にすることが、嫌な出来事に関するネガティブな感情やストレスをやわらげるのに効果的である」ということが報告されています。

怒りの感情を爆発させて暴れたり、泣きわめいたりといった問題行動は、この気持ちのラベリングがうまくいっていない可能性もあります。自分の感情を自分で言語化できるようになると、感情の抑制がうまくいくこともあります。

また、大人がさまざまな場面で感情をあらわす言葉を使うことは、子どもたちが自分の感情に気がつく力を育てることにもつながります。たとえば、「お母さん、探し物が見つからなくて、イライラしちゃうよ」「お父さん、大好きな野球チームが負けてくやしいなあ」というように、日常生活の中で感情をあらわす言葉を使っていきましょう。自分自身がどんなときにどんな感情になるのかを知ることは、自分を知ることにもつながります。

このとき注意したいのは、「気分がいいな」とか「最悪の気持ちだ」というような、よい悪いという表現を使うこと。「さまざまな感情を持つことはいいこと」と伝えるうえで、子どもたちに混乱を招く可能性があります。子どもたちは「ネガティブ感情は悪いもの」「悪い感情を持つ自分はダメな子だ」と考えがちです。ふだんの会話の中でも、よい悪いを使用せずに感情について表現するようにしましょう。

また、自分の感情に気がつけるようになると、他者の感情にも気づくことができるようになります。「お兄ちゃん、今日はずっと下を向いていて、お話ししないね。落ち込んでいるのかな……」といったように、他人の気持ちを推測することができるようになります。他者の気持ちを理解する能力が高くなれば、相手に対してかける言葉選びや行動も変わります。社会の中でのコミュニケーションにも大きく影響することは、まちがいありません。

気持ちをあらわす言葉をたくさん用意しておく

子どもたちは大人が想像するよりも、毎日、さまざまな感情を感じているものです。

私の娘が4歳のとき、それを感じた出来事がありました。ある日、お友達が遊びに来るはずだったのが、急遽家庭の都合で来られなくなったときのことです。私は「お友達と遊べなくて悲しいね」と声をかけましたが、娘はピンとこない様子だったのです。そこで、少し考えて「がっかりしたのかな?」と聞いてみたところ、「うん!」と大きくうなずき、納得した様子を見せました。私は、まだ幼いからと、単純でわかりやすい「悲しいね」という言葉を当時よく使いましたが、「がっかり」という言葉の持つニュアンスや意味を、いつの間にか理解していた娘にとても驚かされました。

子どもは気持ちをぴったりあらわす言葉に大きく反応します。だからこそ、子どもの感情を言語化して、「感情のラベリング」を行うときには、私たち大人はできるだけ実情に沿っていて、その子の心のままを表現して声をかけることが望ましいといえます。同時に、感じている感情は子ども自身のものであって、たとえ親であっても全く同じ気持ちを持つわけではないことを認識できるようにすることも大切です。

ですから、私と娘の例のように、「こんな感じかな」と探ったり、左のようなチャートを見せながら聞いてみたりするのもよいでしょう。大事な点は、子どもの気持ちを言いあらわす言葉をできるだけ数多く用意すること。そして、気持ちは受け止めながらも、感情移入しすぎず、子どもの感情を映す鏡となって見せてあげることです。

ネガティブ＆ポジティブな気持ちをあらわす言葉

気持ちは体にあらわれる

子どもたちは、「胸がつかえてムカムカする」というように、体の感覚で感情をとらえます。体の感覚でとらえた感情を、言葉にするための練習途中にあるのです。赤ちゃんは、泣いたり、体をばたつかせたりして不快さを周りに伝えます。その非言語的な表現を見ることで、大人は子どもの中で起こっていることを推測していきます。

アールト大学（フィンランド）のラウリ・ヌメンマー博士らの「情動のボディーマップ」に関する研究では、気持ちと体の反応には密接な関係があることが明らかにされています。特定の気持ちを感じているとき、どのような体の反応があるかを調べたところ、怒りを感じているときは胸から上に反応が起こるのと同時に、手にも強い反応が見られました。また、悲しみを感じているときには、胸が強く反応し、逆に体のほかの部分に力が入らなくなっている状態を記録しました。**感情の変化は体や表情にもはっきりとあらわれるということが、この研究によって科学的にも明らかになりました。**

子どもは「別になんともないよ」と口では言っていても、肩を落として、悲しみを体で表現する場合もあります。言葉で気持ちが言えないこともあるため、**体の変化を言葉にできるように声かけすることも役立ちます。心と体の変化に気がつけるように「どこか痛いところはない？」「どこに力が入ってる？」「モヤモヤ、ムカムカしてない？」など、サポートしてあげてください。**

ときに子どもの気持ちを言語化することが難しいこともあります。子どもたちは本当に言いたいことを、わかりにくく伝えることがよくあるからです。

たとえば、こんな話があります。「お兄ちゃんだから……」と言われることが増えた小学1年生のこうくんが、ある日、父親に「なんでいつも、弟とばっかり遊ぶの？」と訴えてきたそうです。それに対してこうくんの父親は「そうかな？　こうとはこの前二人で公園へ行ったじゃないか。同じくらい一緒に遊んでるよ」と答えましたが、こうくんは「パパなんて嫌いだ！」と部屋に閉じこもったといいます。

ここでは、こうくんは理由を知りたかったわけではなく、本当は気持ちを理解してもらいたかったのです。寂しさや嫉妬の気持ちを怒りというかたちで父親にぶつけました。**怒りという感情の下には、往々にして、悲しみや不安など別の感情が隠れていることが多くあり、それに気がつくことは簡単ではありません。**このように気持ちを受け止められていない声かけは、子どもの心を遠ざけてしまうことがあります。

幸いなことに、父親は「寂しい気持ちを理解してほしいと思っているのかもしれない……」とすぐに考え直し、「お父さんが弟ばかりと遊んで、こうと一緒に遊ぶ時間がないと感じているんだね」「弟ができてからお父さんをとられたようで、寂しいし、お父さんが君を気にかけていないように感じるのかな」とできるだけこうくんが感じていることを言葉にして伝えました。そのおかげで、しばらくするとこうくんは気持ちを持ち直し、弟と父親と一緒に遊びだしたそうです。

私たち大人は、子どもが口にした言葉どおりに受け止めるだけでなく、その言葉の源泉となった気持ちを探り、それを言葉にして声をかけてあげることが、とても大切です。**特に子どもの怒りの下には、悲しみ、寂しさ、傷ついた心があり、それがもと**

になって怒りを発動することもあるため、注意してください。

また、この例でもう一つ大切なことがあります。それは「**人は誰もが相反する気持ちを抱くことがある**」**と伝えること。**「弟のことは好きだけど、ときどき嫌いとか、うらやましいという気持ちになるかな。それで混乱しちゃったかもしれないね」と声をかけてあげましょう。混乱する気持ちを認めてあげることが大切です。

きょうだいのいる子どもたちは、親の注目と愛情を分け合わなければならないと感じることがあり、それは複雑な感情なのです。幼いころから私たちは、親や教師から「仲よくしなさい」「おもちゃは仲よく使いなさい」と道徳的な行動規範として教わることが一般的です。しかしその結果、人と分け合ったり、共有したりすることに両極の強い感情を抱き、人生にマイナスの影響を及ぼしてしまうこともあります。

ですから、何かを分け合うことで感じる嫌な気持ちは、分け合うことで得られる大きな喜びに伴う気持ちとして説明することで、子どもたちには受け入れやすいものとなります。誰かに気持ちを打ち明けたり、自分に起きたことを話したりすることは、人とのつながりを深めることであることも、あわせて伝えていきましょう。

大事なこと 2

ネガティブ感情から引き離すサポート方法を知っておこう

ネガティブな気持ちは、自分を守るために必要ですが、長期にわたり抜け出せなかったり、ストレスが重なったりすると、脳も体も興奮させる交感神経が活性化された状態が続くため、将来的に問題行動や心身の問題が起きてくる可能性もあります。

そのため、なるべく早くストレスを感じる状態から解放させてあげる必要があります。

まずは、ネガティブな感情が引き起こす、脳の興奮状態について知っておきましょう。ネガティブ感情の反応（特に不安や怒り）は、脳の「扁桃体」の働きが関係しています。扁桃体は「脳の門番」とも呼ばれていて、危険に対してすぐに対応できるように、常に厳戒態勢をとっています。

この扁桃体がネガティブ感情に反応して、副腎からアドレナリンやコルチゾールなどのストレスホルモンを分泌する指令を送ります。すると、心拍数や血圧が上昇して体は緊張状態となり、いわゆる「逃げるか・戦うか・固まるか」という反応をすることで自分を守ろうとします。


次に、怒りの感情で子どもがどんな反応を起こすか、どのように落ち着かせるか、よくあるシーンで見ていきましょう。

8歳のかなちゃんは、きれいな貝殻を棚に並べて見るのが大好きな女の子です。ある日4歳の弟が、かなちゃんのコレクションの一つだった、青くて珍しい貝殻を勝手にとっていってしまいました。かなちゃんは泣き叫び、弟を追いかけたところ、弟はポイッとその貝殻を投げて返しました。すると、かなちゃんは弟に「なんでそんなことするのぉ!!」とどなりながら、弟をたたこうとしたそうです。

こうしたきょうだいゲンカは日常茶飯事の光景とはいえ、親としてはこのシチュエーションで黙っているわけにはいきませんね。両方の言い分を聞きたいところですが……まずは、かなちゃんのヒートアップした感情を落ち着かせることが必要です。怒りでわれを忘れているような状態では声をかけても聞くどころではありません。

また、どのような感情も大切ではありますが、自分や人を傷つける行動は許されないことを伝える必要もあります。

まずはストレス反応を起こしている脳を落ち着かせるために、手をギュッと握り、「弟が大事なものを持っていってしまい、腹が立つね。そのムカムカをハ〜ッて、出しちゃおう！」と言いながら大きく息を吐き、深呼吸を一緒に行うとよいでしょう。体へアプローチすることで徐々に心も落ち着いてきます。「大切なものをとられたら怒りたくなるよね」と共感を示し、たたくという方法以外で気持ちを弟へ伝える方法を一緒に考えてあげましょう。**深呼吸は、脳の興奮状態を鎮めるのに役に立つ方法の一つです。まずは、ゆっくり吐き切ることに集中します。すると、自然にたくさんの空気を吸い込むことができます。**

同時に、弟にもどのような行動が姉の気持ちを傷つけたのかを伝えましょう。よくないことをしたと気がつけば謝ることにつながり、円滑な人間関係の築き方を学ぶことができます。

興奮を鎮静化させる「カウンティング」

この例のように、子どもがネガティブな感情に圧倒されてパニック状態になっているときは、深呼吸と同様に数をゆっくり数える「カウンティング」という方法も効果的です。わが家では、あえてスペイン語で1から10までゆっくり数える方法を行っています。日本語のようにスラスラと数字が出てこないので、必然的にゆっくり数えることになり、クールダウンするのに役立ちます。

また、子どもの脳が戦闘態勢となっているとき、体に触れることが役立つ場合と、役立たない場合があります。役立つときにはギュッと抱きしめたり、背中をなでてあげたりします。安全だよ、大丈夫だよ、というメッセージを体に送ってあげるのです。

子どもが興奮しているときは…

「いーち、にーい、さーん……」というように、息をゆっくりと吐き出しながら1から10まで数字を数えます。

手をギュッと握ったり、抱きしめたり、背中をなでたりしながら「〇〇だったから腹が立ったね」と理解を示しながら「息をふ～と吐いてみよう」と促します。体に触れられるのを嫌がるときには近くで見守ります。

一方で、触れられることを嫌がることもあります。これも当然の反応で、体は戦うか・逃げるか・固まるかという状態になっていますから、たとえ親であってもとっさに「敵だ！」と感じて体に接触されるのを危険と判断することもあるからです。そのような場合は、近くから見守りながら、一緒に子どもに合う落ち着ける方法を行うとよいでしょう。

ネガティブ感情が頭にこびりついたときの落とし方

先ほどのきょうだいゲンカのように、爆発的に湧き上がる「怒り」のようなネガティブ感情もあれば、日々のストレスがたまって、イライラ、モヤモヤすることもあるでしょう。すぐに問題解決できれば心の健康にとってはよいのですが、人生にはすぐに解決できないことや、自分にはどうにもできないこともあります。すると、その出来事ばかり考えてしまい、ネガティブな感情や考えからなかなか抜け出せないことがあります。

この状態を「反すう」と呼びます。嫌な出来事が目の前で起こっているわけではないのに、頭の中でずっと考え続けてしまうと、常にストレスを心身に与えている状態となり、ストレス解消から遠ざかってしまうのです。この反すう状態によって、うつのリスクや自己批判的な傾向が高まるとも報告されています。

そのため、**子どもが反すう状態になっていることになるべく早く気がつき、そこか**

ら抜け出すサポートをしていくことが大切なこととなります。

何があったのかわからないけど、どうも子どもがイライラしているとき、「どうしたの？　何かあった？」と、根掘り葉掘り無理に聞き出そうとするのではなく、まずはネガティブな反すう（ここでは「ネガティブ沼」とたとえます）から抜け出せるようにサポートができるとよいでしょう。

次に、「ネガティブ沼」からの脱出法をご紹介しましょう。

ネガティブ沼からの脱出法①　ゆっくり深呼吸

深呼吸は、ネガティブな気持ちから抜け出すのに役に立つ方法の一つです。特に、おなかに空気を入れて、ゆっくりと息を吐き出し、またおなかにゆっくりと吸い込む、腹式呼吸が効果的です。ご紹介したように、感情に圧倒されているときの深呼吸はてきめんです。転んで泣いているとき「泣いているとますます痛く感じるんだって、深呼吸、ふ～」と一緒にすることで、子どもたちがよく落ち着いてくれます。

緊急時にうまく深呼吸ができるようになるために、ふだんの楽しい時間に練習することをおすすめします。

ご紹介した深呼吸の練習は、レジリエンスの授業の際に、生徒たちと一緒に行うこともあります。背筋を伸ばして椅子にかけ、ゆっくり吐いて吸う深呼吸を、ゆったりした音楽に合わせて、5～10分ほど一緒に行うだけでも「気持ちが落ち着いた」「リフレッシュできた」という感想をよく言ってもらえます。

小さなお子さんの場合は、大きなシャボン玉を作る練習をしたり、半分に折った紙をテーブルの向こう側までゆっくり吹き飛ばしたりすると、よい練習になります。空を見上げて「雲をゆっくり動かそう！　空に届け～！」と言いながら、「ふ～」と呼吸の練習をすることもあります。寝転んでおなかにぬいぐるみをのせて、ゆっくり呼吸をして、ぬいぐるみがおなかの動きに合わせて上下するのを観察するのも、よい練習方法です。

ネガティブ沼からの脱出法②
気持ちを書き出す

二つ目の気持ちの切り替え法は、書き出すこと。自分が感じている気持ちを書き出すこと自体に、心を落ち着かせる効果があります。「気持ちを言語化してあげよう」とお伝えしましたが、自分で書き出すこともまた、自分の感情に気がつくことができたり、客観的に向き合うことができたりする効果があります。

まだ文字が書けない年齢だったり、文字を書く気分になれない様子だったりしたら、クレヨンと画用紙を用意して、思いのまま書きなぐるのもよいでしょう。

ネガティブ沼からの脱出法③ 体を動かす

子どもがイライラしている様子を見たら、一緒に走ったり、おもしろいダンスをしたりするのも効果的。体を動かすことは、ホルモンの変化による不安定さを抑える効果もあります。公園を一緒に散歩するだけでも気分が変わります。

ネガティブ沼からの脱出法④ 音楽を聴く

子どものお気に入りの音楽を聴かせることもおすすめです。音楽は不安をやわらげ、リラックス作用があるといわれています。子どもが好きな音楽を日ごろからチェックしておき、いつでもかけられるようにリストアップしておくとよいでしょう。

ネガティブ沼からの脱出法⑤ 夢中になれることをする

ネガティブな気持ちを忘れるほど、夢中になれる遊びや作業をすることも非常によい方法です。10歳のある女の子は、アイロンビーズで作品を作ることで嫌な気持ちがおさまると教えてくれました。親も一緒に集中して何か作るのもおすすめです。

何かに没頭し、自分を忘れるような体験を「フロー体験」といいます。自分にとって少し挑戦しなければならない、けれども楽しめる活動は、フロー状態に入りやすいのです。このような状態を体験したあとは、自然な高揚感を感じることができます。

どの方法も、心を一度リセットさせて声をかける準備になります。すべて科学的に効果があると実証されたネガティブ感情から抜け出す方法です。

ネガティブ沼からの脱出で大切なのは、状況に応じてさまざまなネガティブ感情から抜け出す方法を複数持っておくこと、平時からその練習をしておくことです。

レジリエンスを育てる「自己統制力」

何か嫌なことがあって泣いたり、落ち込んだりすることは、誰にでもあります。なかには自分のちょっとした欲求不満に過度に反応する特性を持っている子どももいます。泣いても、落ち込んでも、もちろんよいのですが、ある程度したら自分で気持ちを切り替えて立て直す力を育てることが大切です。

気持ちが高ぶったとき、深呼吸をして落ち着かせる手助けをしたり、別の活動に目を向けるようにさせたり、気持ちのままに行動せず、一度立ち止まってみることを促したり。そうしたサポートを親が繰り返すことが、自分の意思で感情や行動を調整する力を育てていくことにつながります。

このような力を自己統制力といい、人生においてつらいこと、不安なこと、イライラすることなどに上手に対処する手伝いをしてくれます。そして、本来行うべきことに集中したり、欲しいものを得るために努力し続けたりする力を育てます。

子どもたちの自己統制力は、大人をまねることでも大きく育つため、大人自身も子どものロールモデルとなれるように、自己統制力を育てることが大切です。カッと頭に血が上って、感情のままに怒りたくなったときにも、一呼吸おいて落ち着いて対応する親の姿を見せることで、子どもは感情が自分の中で調整できることを学びます。もちろん、いつも完璧に行うことは難しいものです。うまくいかなかったときは、素直に反省を示し、次に生かす姿を見せながら「心の力は育てることができる」ということも見せてあげる機会としましょう。

大げさに考えすぎたり、妄想に振り回されたりしないこと

子どもがネガティブな感情にとらわれているとき、親がやりがちなこととして、事実以上に「大げさに考えすぎてしまう」ということがあります。

子どもがかんしゃくを起こして暴れたり、学校の先生から呼び出されて問題行動を指摘されたりしたときなど、ついつい「私が最近、全然かまってあげられなかったか

ら……?」「目の前で夫婦ゲンカをしたことが影響したのかも……」などと、さまざまに推測してしまう、という親御さんが少なくありません。

しかし、**子どもが問題行動を起こしたことに対して、必要以上に自分の責任にしてはいないでしょうか?** 自分の想像がエスカレートしすぎると、本当の原因を見誤り、対処をまちがえてしまうことさえあるかもしれません。

重要なのは、目の前で起きた出来事や自分の考え方をありのままにとらえる視点です。そのために役立つのが、「マインドフルネス」の概念です。

マインドフルネスとは、ブッダ(仏陀)の教えをもとに、アメリカ・マサチューセッツ大学のジョン・ガバット・ジン博士が中心となり研究を進めた概念で、「今、この瞬間に善悪の価値判断をすることなく意識を向ける」状態のことを指します。起きたことや感情について、善悪や正否の判断をすることをせず、あるがままに見つめることです。

私たちは往々にして、現実以上に誇張してしまう傾向があります。子どもが問題行動を起こしたときや、子どもがつらい状況にあるときには、必要以上に自分の責任にしていないか？　自分は過度に想像しているのではないか？　と自問自答しましょう。そして、子どもの気持ちや起きた現実をありのまま「マインドフルネスな状態」で、見つめ直してみましょう。

ネガティブな感情から抜け出すためには、そこから距離を持って、客観的に見つめる力が必要です。**この「あるがままに見つめる」ことを練習することで、自分の考えを客観的にとらえることができる能力「メタ認知」を育てることができるといわれています。**

また、マインドフルネスのような心のあり方が、ネガティブ沼から抜け出すために役立つことがあります。

大事なこと 3

「感情は自分で選べるもの」と教えよう

コップに半分入っている水を見て、「半分しかない」と思う人がいる一方で、「半分もある！」と考える人もいます。同じ事象に出くわしたとき、ある人はマイナスにとらえたり、ある人はプラスに考えたりと、そのとらえ方は人によってさまざまです。出来事や状況をマイナスにとらえれば不安や悲しみ、プラスにとらえれば喜びといった感情が生まれるわけです。

わが子には、自分の手にしているものに感謝できたり、物事の明るい部分に目を向けられたりする前向きなとらえ方をしてほしい。親ならば、誰もがそう願うものですね。ネガティブ感情の重要性と上手なつきあい方についてお伝えしてきましたが、ここでは、そこからさらに一歩進んで、子どもたちへ「物事のとらえ方しだいで、感情は変わる」「物事のとらえ方は自分で決められる」ということ、さらに、「それに伴って望む行動や結果を得られる」ということに気がついてもらいましょう。そのための声かけ方法についてお伝えします。

私たちの感情を決めるのは「物事のとらえ方」

幼少期の一大事といえば、友達とのケンカです。子どもにとっては、友達は毎日が楽しくなるのか不安なものになるかのカギを最も大きく握っている存在。一度ケンカしたり、気まずい間柄になったりしてしまうと、この世の終わりというほど落ち込んでしまうものです。大人になって振り返ると不思議に思えますが、みなさんにも、子ども時代にこうした思い出が少なからずあるのではないでしょうか。

たとえば、ある子は親友とケンカしてしまったとき「私がすべて悪いんだ……」。これから誰も友達になってくれない……」と考え、悲しく不安な気持ちになり、深く落ち込みます。その一方で、「意見の違いで友達とケンカすることはある。きっとまた仲直りできる」と考える子もいます。そして後者の子は「どうしたら仲直りができるか？」といった、問題を乗り越えるための解決法についても、考えを進めることができます。

「親友とケンカした」という同じ状況に対しても、人によってそのとらえ方で、反応や行動は全く違うものになるのです。

この違いがなぜ生まれるのかというと、先のとおり、物事のとらえ方が違うからです。多くの人は、「うまくいかない状況や出来事のせいで自分は嫌な気持ちになる」と思っています。しかしながら、実は出来事と感情のつながりはそれほど強くはありません。

私たちの感情を決めるのは、その「出来事自体」ではなく「出来事に対してどのようにとらえるか？」ということなのです。

私たちは、何か出来事が起こると、これまでの経験や情報をもとに、その状況や出来事について自分なりの解釈（とらえ方）をします。そして、その解釈（とらえ方）によって感情が湧き上がり、それにもとづいて行動をします。その一連の流れは一瞬にして起こるので、あたかも「状況がすべてを決めている」「この出来事が私を嫌な気持ちにさせている」と感じてしまうのです。

先の例でいうと、**友達とケンカをするたびに、「いつも自分が悪い。これから誰も友達になってくれない」というとらえ方をすることで悲しみや落ち込みも深くなり、恐ろしいことに、自分が望んでもいないのに、そのとらえ方が正しいと証明するような行動（友達を避けたり、卑屈になったり）をしてしまいます。**

結果、「人は私から離れていく」というような信念を持ってしまい、その信念にもとづいた行動を人生で繰り返し、さらにその考えを強化していくというサイクルが生み出されます（次ページの図参照）。ネガティブなサイクルを断ち切るためには、とらえ方や行動を変えていく必要があるのです。

出来事に対する「とらえ方」が感情を決める

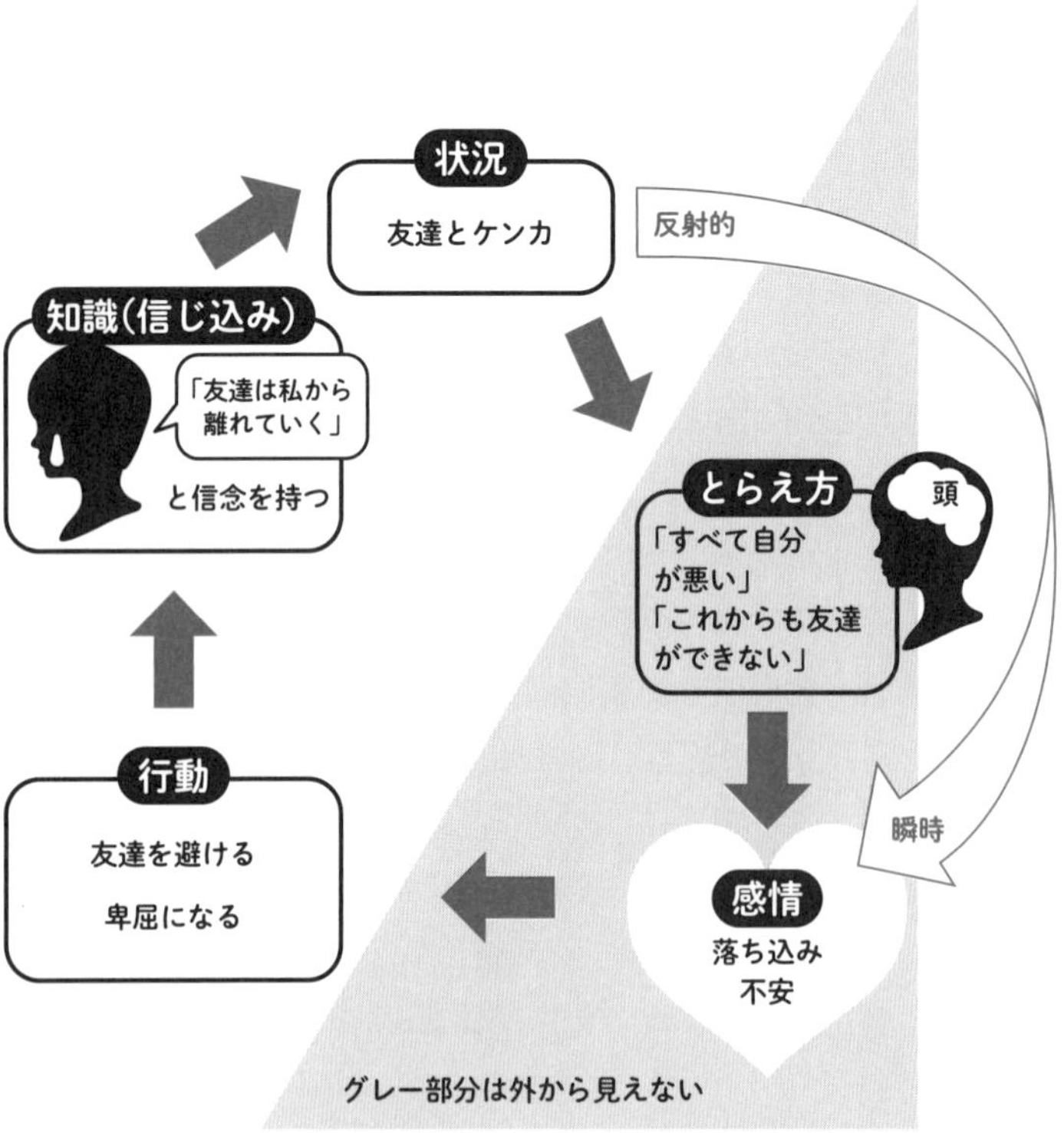

グレー部分は外から見えないため、第三者は行動だけを見てその子を判断してしまうことがある。本人は、状況に対するネガティブなとらえ方がネガティブな感情を生み、その感情にもとづいて行動していることに気がつけないことが多い。

参考：イローナ・ボニウェル「SPARKレジリエンス・プログラム」

「頭の中でどんな声がする？」でメタ認知を育てる

子どもたちがどのようなとらえ方をしているかを知ることは、感情、そしてその後の行動までをも変える、非常に大きなチャンスとなることを意味します。そして、**このとらえ方は親からの言葉の影響を大きく受けますから、「グラスに半分も水がある」というプラスのとらえ方を、適切な声かけで育てていくこともできるのです。**

自分がどのようなとらえ方をしているのかを知るためには、自分の思考について気がつくことができる「メタ認知」の力が必要です。メタ認知は、一般的には5〜6歳から持ち合わせるようになり、9〜11歳までに育っていくといわれています。メタ認知は言葉の発達の影響を大きく受けますから、子どもたちの特性や発達によっても大きく変わります。

このメタ認知を育てるようなサポートが、物事のネガティブなとらえ方に気がつき、一連のネガティブサイクルを断ち切ることにつながっていきます。
具体的には、物事をどうとらえているのか気づかせるような質問をしたり、とらえ方がネガティブだった場合にポジティブなとらえ方に変えていけるような声かけをしたりします。

最初は、子どもがある状況に対してどういうとらえ方をしたのか、つかみにくいこともあるでしょう。84ページの図で三角形で示したように、イライラしていたり、落ち込んでいたりする様子は見えても、物事のとらえ方や感情自体は外からは見えません。そして、子どもたち自身も自分がどういうとらえ方をしたのか、なかなかわかりません。反射的に瞬時に起こる反応だからです。

そのため、子どもたちがどのようなとらえ方をしているのか、自分で気がつけるように、**悲しんでいるときや落ち込んでいるとき、話ができるタイミングをみて、「頭の中でどんな声がする?」「どんなことが頭に浮かんでいる?」「自分になんて話をした?」といったかたちで質問をしてあげましょう。**その質問について子どもがあらためて自分自身でよく考えてみることで、自分のとらえ方に気がつくことができるようになり、それがメタ認知獲得の第一歩となります。

私が過去、勤務していた学校であったある出来事を例に、ご紹介しましょう。
あるとき、11歳の男の子が、お兄ちゃんに強い口調で怒られたと落ち込んでいました。「お兄ちゃんは僕が大嫌いなんだ」と言い、いつもは喜んでいた英語のレッスンも上の空でした。そこで私は、「お兄ちゃんにきつく怒られて、悲しいのね。そのとき、心の中の人は何か言っていた?」と聞きました。するとその子は「お兄ちゃんは僕が嫌いだから怒るんだ。バカだって思っているんだよ。もう一緒には遊べないと思う」と言いました。

そのとらえ方を口にしてくれたことがきっかけとなり、私たちはその後「人は大好きな人に対しても怒ることがあること」「怒ったからといって嫌いになるわけではないこと」など、別の物事の見方についても話し合うことができました。

このように、子どもたちに状況のとらえ方を聞くことで、そのとらえ方を変えてい

くようなかかわりができるようになります。とらえ方を認識できる質問を重ねながら、徐々に育てていきましょう。

ちなみに「どんなことを考えている？」「あなたの考えていることは何？」という頭で考えて答えを出す質問は、とらえ方を引き出すにはあまりよくないとされています。感情が伴わない思考が出てくるので、注意してください。

ネガティブな言葉をささやく「7羽のオウム」

物事のとらえ方が感情に影響して、その後の行動も感情に影響されるということ、そして、このとらえ方が思い込みやネガティブな考えに偏っていた場合、感情や行動もネガティブになっていくというサイクルに陥ってしまうこと。それについてお伝えしました。さらに、このネガティブなとらえ方は、何があっても悪いほうに考えてしまう心の癖になることもあるのです。

では、なぜこうしたネガティブなとらえ方をするようになったのでしょうか？　それは、周りの大人からの声かけやメディアからの情報、自身の経験など、さまざまなことに影響されてそれが蓄積されていき、ある程度、固定化されていくからです。

当協会で行っている「レジリエンス教育プログラム」では、人がよくするネガティブなとらえ方（認知）を、7つに分け、7羽のオウムくんにたとえて紹介しています。オウムくんは、私たちの肩に乗り、何か大変なことがあったとき、耳元でその状況をとらえる言葉をささやくのです。肩に乗ったオウムにたとえているのは、物事のとらえ方を、自分自身から一度切り離して外にとり出すことで客観視できるようにするためです。

みなさんやお子さん、そしてご家族は、どんな物事のとらえ方をすることが多いでしょうか？　次の7羽のオウムくんがささやく言葉のなかで、いちばん頭の中でよく聞く声はどれでしょうか？　まずは自分のネガティブなとらえ方に気がつくことが、ネガティブサイクルを止める第一歩となります。

自分の肩に止まってささやく「ネガティブオウム」はどれ？

うまくいかないのは○○のせいだ！
自分は悪くない！

うまくいかないこと、気に入らないことはすべて人のせい。頑固で意見を変えず、たいてい怒りを感じている。

非難オウム

自分にできるわけない
どうせやってもうまくいかない

問題があると立ちすくみ、動けなくなる。自分にはできないと考え、チャレンジしない。無気力、脱力感に陥ったり、不安になったりすることも。

あきらめオウム

神経質で正義感が強く、正しいか正しくないか、公平か不公平かが大事。「まちがっている」「公平じゃない」と感じると怒りや嫌悪感を抱く。

正義オウム

未来のことを心配しすぎる。いつもネガティブな結果になるに違いないと思い込む。不安、恐れ、緊張などを感じる。

心配オウム

今がよければよいと考えていて将来に無関心。問題から目を背けてほうっておけばいつか解決すると信じている。

無関心オウム

他人と比較して、自分は他者より劣っていると思い込んでいる。敗北感、劣等感、憂うつに支配されやすい。

敗北感オウム

何かが起こると、全部自分が悪いと考え、自分を責めることに時間を費やす。罪悪感、不安、焦りなどの感情が生じ、それに浸ることでさらに感情が増幅される。

罪悪感オウム

大事なこと 3

ネガティブオウムは早めに手放す

私が講座や研修などで「どのオウムくんがよく出てきますか？」と聞くと、「全部です」と正直に教えてくれるお子さんや大人のかたが少なくありません。それは特に珍しいことではなく、誰もが状況によってさまざまなタイプのとらえ方をします。ときに、複数を組み合わせて複雑に物事を見てしまうこともあるのです。

先に、ネガティブ感情にも「自分を守る」という大切な役割があり、ネガティブ感情を感じることは悪いことではないというお話をしました。同じく、ネガティブなとらえ方をするオウムくんが出てくることも、決して悪いことではありません。

大事なことは、**ネガティブなとらえ方を習慣化しないということ。とらえ方は心の癖のようなものですから、自分を苦しめる感情の原因となるとらえ方から離れて、より前向きに進めるようなとらえ方に変えていくことが大切なのです。**オウムくんが肩に止まっていることにまずは気づくこと、そして、ずっと肩に乗せ続けないことです。

そのために、**子どもの心に余裕があるとき、機嫌がよくて元気なタイミングを見つけて、オウムくんを使って、ネガティブな7つのタイプのとらえ方があることを子どもたちと話しておくことをおすすめします。**子どもだけでなく、家族みんなのオウムくんをお互いに知っておくと、家庭のコミュニケーションにもプラスに働きます。

あるご家族は、お母さんがイライラしているとき、娘さんが「お母さん、プンプンのオウムくんがいるみたいね！　どうしたの？」と逆に声をかけてくれたそうです。オウムくんのイラストを並べ、「お母さんはこのタイプがよく出るね」「お父さんはこのタイプだね」と楽しく話をしながら行うと、子どもの気持ちもオウムくん探しに前向きになるので、おすすめです。

子どもがあらわしている「感情」をよく観察してみよう

物事に対してのとらえ方を探るために、子どもが示しているネガティブ感情から「どうとらえているのかを探っていく」という方法もあります。

とらえ方によって生まれる「感情」は、外から見えないので親としてもわかりにくく感じます。しかし、子どもが示している感情やそこから出てくる言動を注意深く観察すると、7羽のオウムくんのどれかが子どもの肩に止まっているのが見えてきます。

7歳の男の子を持つあるお母さんが、次のようなお話をしてくれたことがありました。そのお母さんは、男の子がお友達と頻繁に口ゲンカになることに悩んでいました。様子を見ていると、男の子はとても強い口調でお友達に指示することがあるようでした。「そんなに強く言わないで」と思わず言いそうになりましたが、お母さんはそこをグッとがまんして、しばらく様子を観察したそうです。

男の子は、お友達に対して、強い怒りの気持ちを感じているようでした。90ページの7羽のオウムくんのうち、「怒り」を持ちやすいのは「正義オウム」と「非難オウム」です。実際に、口にしている言葉を注意深く聞いていると「これは、ここに片づけるんだ」とか「先生がダメって言っていたよ」などと、「〜すべき」とか「〜が正しい」というようなことをお友達へ伝えていました。

また、正義オウムくんに加えて「やらない相手が悪い」「お友達のせいで片づけがうまくいかない」というような、非難タイプのオウムくんの声も聞こえてきました。

この男の子の言動をよく観察してみると、決して「自分の思いどおりにしたい」「意地悪をしよう」と思っているわけではなく、「何事も正しく行うことが大事なんだ。だから従わないみんなが悪い」というとらえ方をしていたのです。それが強い怒りとなり、強い口調でお友達を責めるという行動となってあらわれていたというわけです。

これがわかれば、お母さんは「やるべきことを友達がやってくれなくてイライラしていたんだね」と男の子の気持ちを受け止める言葉がかけられます。そのあとで「相手に伝わる言い方を一緒に考えてみよう」とか「お友達には片づけない理由があったのかな？」などという声かけもできるようになります。

徐々に「白黒や善悪以外のもののとらえ方もあるよね」ということも伝えていければ、正義オウムくんが強く出すぎることもなくなっていくでしょう。男の子の感情が変わり、行動も変わっていくことが期待できます。

このように、子どもの様子をよく観察しながら感情を特定することで、どのようなとらえ方をしているかを探っていくことができます。

子どもの一見困った行動に対しては、ついつい頭ごなしに怒ったり、不安になったりしがちです。「よく観察する↓感情を特定する↓とらえ方を探る↓適切な声かけ」といういうこの一連の流れがうまくできるようになると、子どもの困った行動にも共感と忍耐力を持って接することができるようになります。

無理なく「ネガティブなとらえ方」を変える方法

7羽のオウムで、子どものネガティブなとらえ方の傾向がわかったら、より肯定的で対処的なとらえ方に変えていくことに挑戦してみましょう。

当然、真逆のとらえ方にいきなり変えることは現実的ではないので、別の視点からのとらえ方を一緒に探してみたり、一部を変えることから始めることで、子どもも無理なく受け入れやすくなります。

たとえば、心配オウムくんを持っていた10歳の男の子の例でご説明しましょう。

その男の子は、サッカーの試合の前になると、とても不安になってしまうタイプでした。「シュートに失敗したらどうしよう。みんなに迷惑をかける」といつも言っていたのです。

そんな男の子に、私は純粋な質問として「これまでシュートを決められなかったとき、チームメイトやコーチは何と言った？」「あなたはシュートをどれくらいの確率で決めているの？」などと聞いてみました。彼の思い込みではなく、現実にどのようなことが起こってきたのかを一緒に探っていきました。

加えて「尊敬する選手なら、どんなふうに思うかな？」など、別の視点や少し広い視野に立って考えてみるとどんなふうに考えられるかも聞きながら、いくつかの別のとらえ方を一緒に考えて、次のように紙に書き出してみました。

大事なこと 3

- 緊張して不安になることは誰にでもある。
  だからといって失敗するとは限らない

- シュートは決められるときもあるし、
  決められないときもある。
  でも、これまで何度もシュートを決めてきた

- 試合にならないと
  相手がどれぐらい強いかはわからない。
  一生懸命ベストを尽くすことが大事

- シュートが決められないと
  自分も仲間もがっかりするけど、
  また一緒に練習して強くなれる

- サッカーはチームで力を発揮するスポーツ。
  だから、精いっぱいがんばることは大事だけど、
  一人だけの責任にはならない

「この中で不安を減らすために役立つ言葉はある？」「なるほどな！と思えるものはある？」と聞きながら、試合に対しての新しいとらえ方も一緒に考えました。結果、男の子の不安は少しずつ軽減され、試合を重ねるごとにリラックスして臨むことができるようになりました。とらえ方が変われば、感情や行動も変わるのです。

当協会の顧問、イローナ・ボニウェル博士によると、とらえ方を変えていくときには、次の三つの考え方が役に立つといいます。

三つの見方で考えてみよう

1 別の見方をしてみると
　↓「あこがれの○○さんならどう考える？」

2 より現実的な見方をしてみると
　↓「それって本当？　探偵になって事実を見てみよう」

3 落ち着いて広い視野で見てみると
　↓「気球に乗った気分で全体を見てみよう」

※↓以下は著者のアレンジ

大事なこと 3

多くの場合で、起きた出来事は単純に説明がつくものではなく、さまざまな要因があります。ですから、自分のとらえ方が100％まちがっているということはなく、逆に100％正しいということもありません。肩に乗るオウムくんがささやくこと（ネガティブな物事のとらえ方）は、完全には正しくはないけれど、一理あることも。そのため、完全にネガティブなとらえ方を変えてしまうというよりも、少し違うとらえ方を考えてもらうことが、実際には役に立つことがよくあります。

たとえばうまくいかないことがあったとき、「失敗した自分はやっぱりダメだ」という敗北感オウムくんのとらえ方をしている人が、「自分は失敗したって平気！　失敗できる自分は誰よりもすばらしい」と、真逆に変えることはちょっと無理があるかもしれません。**無理やりポジティブな考え方に変えることは、長期的に自分のとらえ方を変えていくことにはつながりません。**

「失敗したのは本当に残念。だってとても大切なことだったから。でも、失敗は新しいことを学んだということだし、挑戦できたってこと。誰でも失敗することはあるんだ」と考えたほうが、よりしっくりくるのではないでしょうか。

言葉がしっくりくる、ぴったりくるという感覚は、実はとても大切なのです。これが、サッカーの試合前に不安になった男の子に、「なるほどな！と思えるものはある？」と聞いた理由です。

お子さんの物事のとらえ方がネガティブだと気がつくと、強引にでも変えたいと思うのは当然です。しかしながら、無理にポジティブなとらえ方に変えてしまうよりも、今持っているとらえ方も一理あると認めたうえで、変えられる部分はどこかを探していくことが、子どもが受け入れやすいとらえ方に変えるポイントになります。

子どもの中に「ポジティブオウム」を育てる方法

とらえ方は経験によって蓄積されていくので、もちろん、前向きなとらえ方も蓄積すれば、そのとらえ方が今度は新しい「心の癖」として根づいていきます。

みなさんの中には、大変な出来事があったときに「きっとできるよ、大丈夫！」と励ましてくれるようなオウムくんもいるのではないでしょうか。

私たちのレジリエンス教育の中では、子どもの内側にその子ならではの「ポジティブオウムくん」を育てる活動を行っています。その方法は、自分なりのポジティブオウムくんを想像してもらい、そのオウムくんのイラストとセリフを考えてもらうというもの。そのオウムくんには、自分たちで名前もつけてもらいます。

これまでに、「よくがんばっているね」という応援オウムくん、「やればできるよ！」という励ましオウムくん、「七転び八起き」というだるまオウムくんなど、さまざまな自分を前向きにしてくれるオウムくんが誕生しました。

子どもたちがそれぞれのオウムくんを考えたら、まずは私たち親が、子どもたちそれぞれの応援オウムくん、励ましオウムくんになりましょう。困ったときにはとらえ方を前向きに変えて力を与えてくれる声かけができるオウムくんに、私たちがまずなるわけです。

それを続けるうちに、実際にはそばに親がいて声をかけなくても、子どもたちは自らポジティブなオウムくんを活用できるようになります。つまり、自ら立ち直る声かけを自分自身に対して行うことができるようになるのです。

子どもたちが悩んでいるとき、逆境を乗り越えようとしているとき、「きみの励ましオウムくんならなんて言うかな?」と聞いてみることも、とらえ方の幅を広げることに役立ちます。

以前に、親子でレジリエンストレーニングを受けてくれたご家族の例をご紹介しましょう。トレーニングを受けたあと、ご家族そろってシンガポールへ引っ越しすることになったときの出来事です。親御さんと一緒に来てくれた8歳の男の子は、新しい環境に慣れるのに時間がかかるタイプでした。小学校にやっと慣れたかと思ったら、シンガポールに引っ越しすることになり「新しい学校で友達なんてできるわけない!英語だって話せないから、楽しくない」と毎日落ち込んでいたそうです。

そんなとき、お母さんは以前に受けたレジリエンストレーニングで、息子が自分のポジティブな「元気オウムくん」をつくっていたことを思い出しました。そこで「きみの元気オウムくんに聞いてみようか。元気オウムくんだったら、今、なんて言うかな？」と声をかけてみたのです。

男の子は少し考えたあと「〝心配はあるけど、友達はできるかもしれないよ！ 英語ができるようになったらかっこいいかもね〟と言うと思う」と答えました。するとその新しいとらえ方から、新しい感情である「楽しみ」が生まれました。徐々にその感情は「不安」や「心配」よりも大きくなって、最後には男の子は「シンガポールへ行くことがとても楽しみ」と言えるまでになりました。

自分を励ましたり、慰めたりしてくれるオウムくんをつくっておくことは、出来事のとらえ方の幅を広げる助けになってくれます。いつでも出てこられるようにしておくポイントは、ポジティブなオウムくんに名前をつけたり、絵に描いたりしてみること。そして、先ほどのお母さんのように「きみの○○オウムくんに聞いてみよう。なんと言うかな？」と、子どもの中にいるオウムくんを呼び覚ますような声かけをすることで、別の視点から出来事をとらえることができるようになります。

「批判」「非難」ではレジリエンスは育たない

「そんなふうに考えるなんておかしいよ」「だから言ったじゃない」「もう○歳でしょ！」。親ならば、こうした言葉が出てきてしまう場面が何度もあったことでしょう。別に子どもを責めたてたいわけではなく、もっとよりよい方向へ、子どもの考え方や行動を変化させたい、という気持ちからであることはよくわかります。

しかし残念ながら、**長期的に見ると、子どもの行動や考えを親が判断したり、評価したりするような言葉をかけることは、子どもの心を育てるうえで、よい結果を生まないことがわかっています。というのも、批判的な親のもとで育った子どもは、自分に対しても批判的であることが実証されているのです。**

さらに、大きな環境の変化や人生を変える別れといった逆境時においては、自分に批判的になることは、逆境を乗り越えるうえで役に立ちません。実は、ネガティブな感情を受け入れ、自分に思いやりを向けることこそが、レジリエンスを高める第一歩となります。「批判」や「非難」は乗り越える力につながらないことが多いのです。

それは、次のようなさまざまな研究で科学的にも明らかになっています。

欧米では、大学に進学するとともに自宅を離れ、新しい環境で生活することが多くあります。そして、多くの学生がホームシックとなり、「抑うつ、モチベーションの低下、孤独などを感じている」ことが報告されています。また、ホームシックになる学生のほうが、ならない学生よりも3倍も多く大学を退学しているのです。

デューク大学の研究者が行った調査によると、アメリカの大学に進学する高校生119人を対象に「セルフ・コンパッション(自分の苦しみを受け止め、自分に対してのやさしさを持つこと)」について調べたところ、セルフ・コンパッションが高い生徒は、困難な状況をより効果的に乗り越えることができるとわかりました。さらに、抑うつ傾向が低く、ホームシックになることもより少なく、大学生活により満足していることも判明しました。

テキサス大学の心理学者クリスティーン・ネフ博士は、この困難な状況を乗り越えるためにカギとなるセルフ・コンパッションの要素として、次の三つをあげています。

自分を大切にする「セルフ・コンパッション」の3大要素

1 自分の経験による苦痛を無視したり誇張したりすることなくありのままにとらえる「マインドフルネス」
2 孤独や疎外を感じることなく、人間として他者とつながっている感覚である「共通の人間性」
3 自分に批判的で厳しい態度をとらずに、やさしく思いやりのある態度をとろうとする「自分へのやさしさ」

批判的な態度ではなく、つらさを受け止めながら、思いやりのある言葉をかけていくことが、子どもの逆境を乗り越える力につながるわけです。

大事なこと 3

あるがままを受け止めることが、立ち直る力を育てる

「子どもを励ましているのに全然伝わらないんです……」という声をよく聞きます。その場合は、そのときにお子さんが必要としている立ち直りのきっかけをくれるポジティブオウムくんは、励ましタイプではないのかもしれません。

「そっか、やる気なくしちゃったんだね。がんばってきたものね。大丈夫だよ」と受け止めるタイプのオウムくんの言葉が立ち直りのきっかけになる、ということもよくあります。セルフ・コンパッションの受け止めオウムくんです。

子どもが落ち込んだ様子を見せたときには「そうだよね。そう感じてるんだね」と、つらさを受け止めてあげましょう。ただ抱きしめるだけでも力になります。ここで、つらさを受け止められる力を子どもの中に育てていきましょう。そして、子どもが感じていることは自分一人が感じていることではなく、「こんな経験をしたら、誰もが

つらいと思うよ」と人間なら誰もが感じることであることを伝えてあげましょう。そして「大丈夫だよ。一緒に考えていこうね」と自分自身を大切にする道筋をつけていきます。

この一連の声かけには、セルフ・コンパッションの3大要素(①マインドフルネス ②共通の人間性 ③自分へのやさしさ)が含まれています。

声のトーンや表情が伝える言葉と一致していることも重要です。穏やかでやさしさを感じられる声のトーンで、セルフ・コンパッションの3大要素に沿った声かけを繰り返すことで、子どもの中に「受け止めタイプのオウムくん」が育ち、困難な状況を乗り越える力を高めることにつながります。

大事なこと 4

できないことだけじゃなく、できることにも注目しよう

子どもは一つのことがうまくいかなくなると、すべてを投げ出してしまう、ということがよくあります。しかし、よく考えてみれば、うまくいかないことが一つあったとしても、ほかのことはうまくいっていたり、よいこともあったりするものです。

できないこと、うまくいかないことばかりに目を向けず、うまくいっていたり、うまくできたりしている部分にもしっかり目を向ける力を育ててあげることは、レジリエンスを育てるためにとても重要なこと。なぜなら、「望みがない」と感じるよりも「まだまだ、十分に望みはあるぞ」と感じられるときのほうが、人はエネルギーが湧いてくるものだから。そのエネルギーが、子どもに立ち直る力を与えてくれます。

ここでは、お友達との関係が悪くなったことで、学校に行くことを嫌がるようになってしまった、7歳の女の子、あやちゃんの例を見てみましょう。

あやちゃんはお友達から「一緒に遊びたくない」と言われたことをきっかけに、登校することを嫌がるようになりました。かろうじて学校には行くものの、朝いつまでもグズッたり、体調が悪いことを訴えたりしてくるようになったそうです。

困った両親はなんとかスムーズに学校に通えるように、あやちゃんの登校しぶりや、きっかけとなったお友達への対応について、担任の先生と相談を幾度も重ねたといいます。そして、両親はあやちゃんの登校しぶりで頭がいっぱいになってしまい、それ以外のことは目に入らないような生活がしばらく続いたそうです。

そこで、ご両親から相談された私は「あやちゃんが学校や習い事、日々の生活でうまくいっていることや、楽しんでいることは何ですか?」と伺ってみました。すると、あやちゃんは学校を楽しんでいる場面もあり、授業をきちんと受け、宿題もよくできているなど、プラスの材料もたくさんあることにご両親は気がついたのです。

そこで、「学校の宿題は必ず出していて、よくがんばっているね」とか、「習い事のお友達と楽しく遊べているね。よかったね」「朝、自分で起きられるようになったね」など、できるようになったことや楽しんで行っていることを言葉にしてあやちゃんに伝えることを始めたのです。

言語化して伝えることで、本人にも「嫌なこともあるけど、ポジティブな出来事もたくさんある」ということが、強く認識できるようになります。同じことを、根気よく続けるうちに、あやちゃんはどんどん元気をとり戻すことができました。その後は、以前よりはスムーズに家を出ることができるようになったそうです。

ネガティブ感情は視野を狭め、ポジティブ感情は視野を広げる

あやちゃんのご両親のように、私たちは子どもが問題をかかえていると「なんとかして、早く解決しなければ！」という気持ちでいっぱいになってしまい、うまくいっていることを見逃しがちになります。それは自然な心の動きではありますが、問題に集中すればするほど、実は最善の行動をとりにくくなってしまうことが多々ありま

す。ネガティブな気持ちのときには物事を決めないほうがよいといわれるのも、よくわかります。なぜなら、ネガティブ感情とポジティブ感情には、それぞれ役割の違いがあるからです。

ネガティブ感情は、お伝えしたとおり「逃げるか・戦うか・固まるか」など、特定の行動に結びついているため、行動の幅や視野を狭めてしまいます。

たとえば、恐怖の対象から必死で逃げようとしているときに、美しい太陽の光や道端の花には気がつくことができません。生き残るためのエネルギーを「逃げる」ことだけに集中させる必要があるためです。一方で、**ポジティブ感情はその逆で、思考の幅を広げてさまざまな選択や考え方、行動に目を向ける働きがあるのです。**

ポジティブ感情は困難に耐え、悪い出来事の中にもよい点を探す手助けをしてくれます。これらは逆境や困難、日々の大変な出来事からの回復を手助けしてくれる力にもなるのです。

大事なこと 4

ポジティブ感情がエネルギーとなる

先の例のように、私たちはできないことやうまくいかないことなど、ネガティブな出来事に意識が向きがちです。子どもとの会話でも「学校は楽しかったけど、友達とケンカした」などと聞くと、「楽しかった」内容が抜け落ちて、「友達とのケンカ」のほうに意識が集中してしまい、根掘り葉掘り聞き出そうとしたり、心配したり不安になったりします。これは生存本能としてネガティブなほうに目が向くというネガティビティ・バイアスの影響があります。

その一方で、**ポジティブ感情には、私たちを成長させるという役割があります。**ポジティブ感情の研究の第一人者であるバーバラ・フレドリクソン博士は、ポジティブ感情は行動や視野の幅を広げ、リソースを形成し、ポジティブな上昇スパイラルを生み出すという「拡張―形成理論」を打ち出しました。フレドリクソン博士の研究によると、ポジティブ感情には次のような四つの利点があることがわかりました。

① ポジティブ感情はより広い視野で考え、行動することに役立つ

ポジティブ感情は人の注意力や思考の幅を広げます。人は、喜びを感じているときは創造的になり、興味を持っているときには新しい情報やチャンスを見つけ出し、今まで知らなかったことを学んだり、行動を起こしたりします。目の前の問題にとらわれず、数多くの解決策を見つけ、新たな可能性に向けて行動できる力になります。

② ポジティブ感情はネガティブ感情を緩和する

絶望の中でも「きっと状況は変わる」「物事はよくなっていく」と感じられる「希望」も、ポジティブ感情の一つです。意図的にポジティブ感情を経験することで、根強いネガティブな影響をやわらげる作用があります。ネガティブ感情とポジティブ感情は同時に感じることは難しいものです。また、ポジティブ感情は、体に感じるストレスを軽減して血圧を安定させたり、風邪をひきにくくしたりするという研究報告もあります。

③ レジリエンスを強化する

楽しみ、幸せ、充実感、満足感、愛情、思いやりなどは、すべてレジリエンスや物事の対処能力を強化するものです。対照的に、ネガティブ感情はそれらを減少させます。ポジティブ感情が、よい行いをする手助けをし、たとえ悪い出来事の中でも、よい側面を探す手助けをしてくれます。

④ 新しいリソースを構築して人を成長させる

リソースとは、その人が持てる力や経験、考えなどの資源のことです。ポジティブ感情が問題解決能力や新しい情報を得る知的リソース、運動能力や健康につながる身体的リソース、人との強固なつながりといった社会的リソースを築く力になります。もちろんレジリエンスも生きるうえで重要な心理的リソースです。ポジティブ感情は一時的ですぐに消えてしまいますが、ポジティブ感情によって得たリソースは長期にわたって私たちの成長への資源となっていきます。

ネガティブ感情が「ネガティブ沼」という下向きのスパイラルをつくるのとは逆に、ポジティブ感情は①～④の性質により、上向きのスパイラルをつくります。ネガティブ感情が命を守るために必要だったように、ポジティブ感情も、長期的に豊かな人生を歩むために必要なものなのです。

そのため、意識的に子どもたちのポジティブ感情を引き出す工夫や、声かけを行うことは、たくましく生きる資源を日々構築することにつながっていきます。

山登りが大好きなある男の子は、息を飲むほど美しい大自然を目の前にしたときや、宇宙飛行士が月に降り立った話などを聞くと、「すごいなあ！」と畏敬の念を抱き、「自分を元気にしてくれる」と話してくれました。一方、いろいろなものに興味を持つ好奇心旺盛なある女の子は、新しい本に出合ったときや、見たこともないものを発見したときに、「もっと知りたい！」「おもしろい！」というポジティブ感情が湧き、元気になるといいます。

ポジティブ感情にも、さまざまな種類があります。楽しくワクワクした気持ちだけでなく、感動、希望、興味、安心というような気持ちもポジティブ感情です。

みなさんのお子さんにも、その子ならではの元気が湧くポジティブ感情があるはずです。ぜひ、お子さんのポジティブ感情を引き出すスイッチを探してみてください。

ポジティブ感情の共有が家族の接着剤になる

先に述べた「ネガティビティ・バイアス」のおかげで、私たちはどうしてもネガティブな出来事や感情に引きずられがちです。ここから抜け出すためには、日々の生活の中で、子どものポジティブな出来事に目を向ける習慣をつくっていくことが大切です。

たとえば、「今日学校どうだった？」という声をかける親御さんは多いと思いますが、今後は「今日どんな楽しいことをした？」「どんなうまくいったことがあった？」と子どものポジティブ感情スイッチをオンにする質問も加えてみましょう。さまざまな出来事の中でも、ポジティブな感情を感じた出来事を思い出すことができるからです。もちろん、嫌な出来事や悩み事についても話ができることは大切です。ただ、話のすべてが嫌なこと中心にならないよう、意識的にポジティブな側面を見る意識を育てていきましょう。

また、**「夜寝る前に今日うれしかったことやよくできたこと、感謝したいことなどを三つ浮かべてみよう」というのもポジティブ心理学では有名なワークです。**うまくいかないことや不足していることを嘆くのに時間を費やすのではなく、うまくいっていることや手にしていることに意識を向けてポジティブ感情を味わっていくことは、抑うつを減らし、幸福感が向上することにつながります。子どもの一日の最後をポジティブ感情で締めることができる、とてもおすすめの習慣です。

ポジティブ感情の特徴の一つに「ネガティブ感情に比べて微弱であり、シャボン玉のようにすぐに消えてしまう」という傾向があります。ですから、ポジティブ感情こそ、一度生じたらしっかりと大切に「味わう」時間を持つことが大切です。「ポジティブな経験をしっかりと味わうことができる力は、幸せにつながる必要不可欠な要素である」と、アメリカの心理学者であるマーティン・セリグマン博士は述べています。
「ポジティブ感情を味わう」ということは、「集中する」ということです。おいしい食事をゆっくりと味わうこと、友達の話にじっくりと耳を傾けること、好きな音楽を聴くことなど、現在行っていることに集中することで、ポジティブな感情をじっくりと味わうことができます。お子さんと一緒に楽しいことをしているときは「楽しいね～」と、その気持ちを一緒に味わってみましょう。

テレビを見ながら上の空で食事をしたり、スマホをいじりながら家族や友人と会話をしたり……結果、何を食べたのか、どんな会話をしたのかもあまり覚えていない、ということが多くなってはいないでしょうか。目の前の楽しみに集中することを、ぜひ一日に数回でいいので実践してみてください。

楽しい思い出にひたったり、未来の明るい予定について考えることも、ポジティブ感情を味わうことにつながります。家族の楽しい出来事の写真を一つのアルバムにまとめて、いつでも見られるようにしたり、わくわくするような家族旅行の計画を子どもと一緒にしたりするのもよいでしょう。

一緒に笑い、喜び、楽しむ経験を重ねることは、親子の関係性を強めることにもつながります。家族がトラブルに見舞われたときにも、ポジティブ感情を一緒に味わった思い出が家族を結ぶ絆となってくれるはずです。

ポジティブ感情にさまざまな利点があるといっても、毎日の生活のすべての時間をポジティブ感情で満たすのは現実的ではありません。大切なのは、ポジティブ感情が効果的に働き始めるためには、ネガティブ感情よりも多くのポジティブ感情を感じる必要があるということです。ゴットマン博士らの研究によると、幸せな結婚生活を続ける鍵はポジティブな関わりとネガティブな関わりの比率にあり、その比率は5：1とされています。喧嘩もするかもしれませんが、一緒に楽しんだり、愛情を示したりと、ポジティブなつながりの方が5倍あるということなのです。ネガティブ感情を持ちながらも、ポジティブ感情をより感じる体験を重ねることが大切なポイントです。子どもに対してネガティブなことに注目した声かけをしたと感じたら、その何倍ものポジティブな側面を探して声をかけてあげましょう。

大事なこと 5

結果だけじゃなく、「努力した過程」をほめよう

誰もが人生のどこかで、うまくいかないことや苦しいことを経験します。子どもが小さいころは、一緒に乗り越える手助けをしてあげられるかもしれません。しかし、長い人生において、ずっと一緒にいて助けてあげることも、親の力ですべての苦しみをとり除き続けることもできません。

だからこそ、子どもの内側に「自己効力感」の種を育てておくことが必要です。それが、子どもが苦しみから受けるダメージをやわらげることにつながります。

自己効力感とは、「自分はやればできる」という自分の能力への信念のこと。自己効力感が高い人は「状況を変化させることができる！」と信じているので、困難な状況にあっても乗り越えるために行動ができるのです。

「ちょっと難しかったけどできた！」が自己効力感を伸ばす

自己効力感を伸ばすのに、とてもよい触媒となるのが「成功体験」です。

先日、娘を連れて遊びに行った公園で、滑り台の横についているポールから降りられずにいた小さな男の子が、意を決したようにポールからスルッと降りてきたことがありました。その男の子は公園でよく見かける子で、２週間ほど前から、降りたいけど降りられない姿を見てきたので、私は思わずうれしくなって、「降りられたね」と笑顔で声をかけました。

男の子もうれしそうに笑顔を返し、「怖くて緊張したけど、昨日は階段で3段ジャンプができたから、ポールを降りるのもできると思った！」と話してくれました。

このように、過去の「少し難しく感じるけど、挑戦してうまくいった経験」が、成功体験の理想です。新しい挑戦への「きっとできる」と思える力を育てます。

自己効力感を提唱した元米国心理学会会長、アルバート・バンデューラ博士によると、自己効力感を育てるためには、次の四つの大切なポイントがあります。

自己効力感を育てるポイント① 成功体験を重ねる

先の男の子のように、成功体験を積み重ねるうちに「自分には立ち向かう力がある！」と自信がついていきます。大きな目標の場合は、その道のりを、いくつかのステップに分けることです。たとえば、たくさんの宿題を前に子どものやる気が出ないようなら、まずは1ページ終わらせることを目標とするのです。1ページ終わるごとに「できた！」という成功体験が積み重なり、自己効力感が育っていきます。

小さなお子さんの場合は、何か行う前には、見通しを示すのがコツです。「初めにこれをして、次にこれをやってみよう。そして、次は何をする？」と声をかけながら小さなステップをクリアしていくことで、あきらめずに根気よくがんばり続ける力を育てることにつながります。

注意が必要なのが、成功体験をたくさん積ませたいと考え、子どもに達成してほし

い目標の基準を下げてしまうことです。すでに簡単にできることで成功体験を積ませても、子どもたちのやる気や自己効力感を育てる効果はあまり期待できません。

また、障害をとり除いてあげることで達成する経験ではなく、障害を乗り越えて達成する経験が自信をはぐくみます。「少しがんばればできる（適切なヒントや援助がある）」ところに目標をおき、障害を乗り越える経験をしながら達成できるように必要な援助を与え、導くことが、本当の意味での成功体験となります。

自己効力感を育てるポイント②　励ましの声かけ

うまくできるか不安なとき、「きみならできるよ」という周りの励ましが、大きな力となった人は多いのではないでしょうか。力がある、きっと達成できるということを、繰り返し声をかけてもらうことは、努力を続ける力となります。

ただ、**根拠もなく、全く現実味のない大げさな励ましは逆効果となってしまうので要注意です。また、できていることや努力していることをより具体的に言葉にする、フィードバックも大切です。**他者と比べるのではなく、過去のその子自身と比べたときに新たにできるようになったこと、成長していることを伝えましょう。「○○をがんばっているね」「半年前よりも○○ができるようになったね」と認められることで、「自分は最初はできなくても、少しずつできるようになっているのだ」と認識できるようになります。

子どもたちはスムーズにできることを想像しがちですから、失敗したときに落ち込んでしまうこともあります。そのようなときは「新しいことに挑戦するとき、できるようになるには時間がかかるのが当たり前だし、失敗は誰もが通る道だよ。うまくできる方法を一緒に考えてみよう」といったかたちで声をかけてあげるとよいでしょう。

自己効力感を育てるポイント③

ロールモデル（お手本）

「あの人にもできたなら、自分にもできる」と思えるよいお手本を身近に目にすることも、自己効力感を育てることにつながります。**子どもたちにとっては、学校ではクラスメートや先輩、先生、家族では親やきょうだいがロールモデルになる場合が多くあります。そして何より、親が困難に立ち向かう姿を子どもたちはよく見ているもの**

です。今、がんばっている姿を見せることももちろんよいのですが、親御さんたちの過去の体験談を話して聞かせることも、とてもよいお手本になります。

新体操に打ち込んでいる娘さんが、練習中にケガをして大会に出られなくなったとき、自分の体験談を話して聞かせたというお母さんの例をご紹介しましょう。ケガをした娘さんは、しばらく練習ができないため「大会にも出られないかもしれない……」と落ち込んでいたそうです。そこで、お母さんは娘さんの気持ちを受け止めるとともに、自身の体験を話しました。

「お母さんも大切な試験の前に、腕をケガしたことがあるよ。とっても大切な試験だったから、すごくショックだったんだ。結局、その年には試験が受けられなかったけど、次の年にもう一度挑戦したの。勉強がんばって、あきらめなければきっとチャンスはあるって思ったの」。娘さんはそれを聞いて「お母さんも？　そうなの？」と驚くと同時に、同じような境遇を乗り越えたお母さんの体験談に心を大きく動かされ、無事、気持ちを切り替えることができたとのことでした。

大事なこと5

自己効力感を育てるポイント④

心身の安定

自己効力感は、ポジティブな感情のときに高まるといわれています。大事な試合やコンクール、試験の前などには、「成功している自分」をイメージして自分自身を鼓舞することで、ポジティブ感情を喚起することに役立つことがあります。

ところがこのとき、**体が疲れていると、ふだんはがんばることができることも、後ろ向きになってしまうことが多くあります。そんなときには、「少し休んでからまたがんばればいいよ」と体を休めることを優先することも大切です。体と心は一体なのです。**現代社会は、休息することに罪悪感を持つ人や、リラックスはやるべきことをやってからと考えている人も多くいますが、体を休めることは力を発揮するために、必須なこと。睡眠不足が続くと、不安や抑うつ傾向が高まるという報告もあります。

成長マインドセットを育てる方法

「失敗は新しいことをやり遂げるために、誰もが通る道」と説明しても、なかにはなかなか受け入れられない子どもたちもいます。アメリカの心理学者、キャロル・S・ドゥエック博士が提唱する「マインドセット」という概念から、その理由がわかります。マインドセットとは、個人の行動や態度を決定する物事のとらえ方や、考え方、信念のことです。ドゥエック博士は、「人は誰もが生まれたときは学習者である。赤ちゃんはみんな、好奇心いっぱいで世界の探索を始める。しかし、私たちは、結果を強調しすぎたり、恐れを抱かせたりすることによって、自由学習者を非学習者に変えてしまうことがよくある。どうすれば、人は生涯、学習者でいられるのだろうか」という問いを持って研究を進めました。

その結果、次のような2つのマインドセットを発見したのです。

①「知能、才能、スキル、性格や対人関係は柔軟で変化可能」と考える「成長マインドセット」

②「知能、才能、スキル、性格や対人関係は固定的で変化しない」と考える「固定的マインドセット」

私たちは、さまざまな領域において異なるマインドセットを持っています。たとえば「自分は勉強では伸びしろがあるけれど、スポーツはダメだ」など、ジャンルによって、異なったマインドセットを持っていることがあります。同じ認識でも、固定的マインドセットと成長マインドセットを持つ人それぞれで、会話の中で使う表現が次のように変わります。

固定的マインドセットを持つ人…「自分は○○が得意だ・苦手だ」

成長マインドセットを持つ人…「○○は得意ではないが、練習すれば上達する」「○○は苦手だけど、努力すれば理解できる」

成長マインドセットを持つ人は、その名のとおり、「自分の持つスキルや才能は成長する可能性がある」という話し方をします。また、自分の性格についても、固定的マインドセットの人は「自分がせっかちなのは生まれつきだから、しかたがない」と言う一方、成長マインドセットを持つ人は「辛抱強くできるときもある。この部分を伸ばせばいい」と考えるのです。このマインドセットは私たちの行動にどのように影響するのか？　それをあらわしたのが、次のような図です。

2種類のマインドセットが行動を変える！

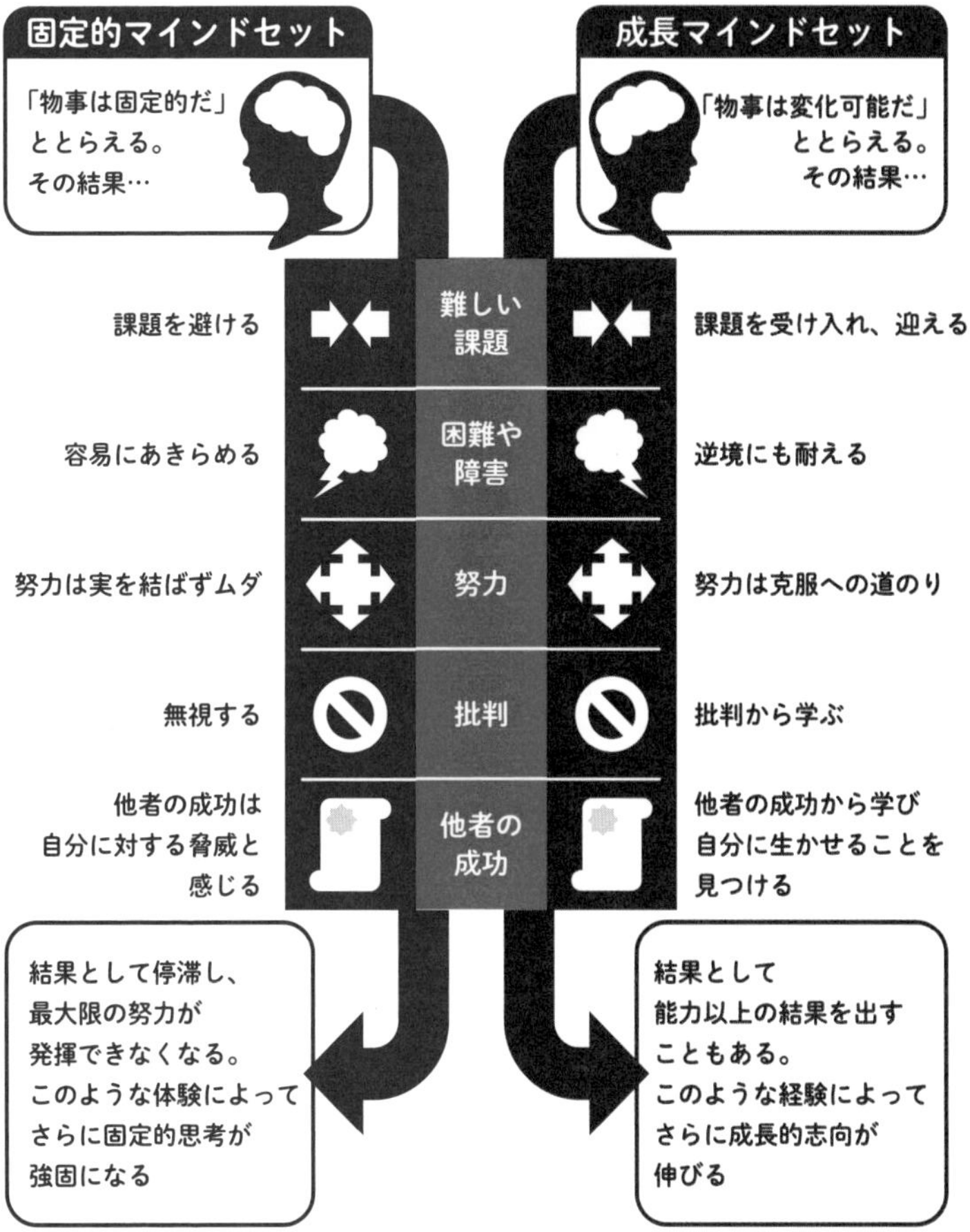
固定的マインドセット
「物事は固定的だ」
ととらえる。
その結果…
成長マインドセット
「物事は変化可能だ」
ととらえる。
その結果…
課題を避ける
難しい課題
課題を受け入れ、迎える
容易にあきらめる
困難や障害
逆境にも耐える
努力は実を結ばずムダ
努力
努力は克服への道のり
無視する
批判
批判から学ぶ
他者の成功は
自分に対する脅威と
感じる
他者の成功
他者の成功から学び
自分に生かせることを
見つける
結果として停滞し、
最大限の努力が
発揮できなくなる。
このような体験によって
さらに固定的思考が
強固になる
結果として
能力以上の結果を出す
こともある。
このような経験によって
さらに成長的志向が
伸びる

出典：TWO MINDSETS, Carol S.Dweck,Ph.D.Nigel Holme

大事なこと 5

「やる気がない」の正体

固定的マインドセットの持ち主は、「努力はムダ」であり、「努力をすると自分がダメな人間と認めることになる」ととらえ、「それは恥ずかしい」という感情を持ち、「挑戦しない」という行動をとります。84ページで「とらえ方が感情を決め、その先の行動も決める」とお伝えしましたが、ここでもその連携がはっきりしています。

親は行動だけを見て「なぜやらないのかしら？」と感じますが、その前提にあるとらえ方と感情を見れば、それも納得です。「ほらほら、やってみようよ！」と、行動だけを変える声かけをしても、子どもはやる気を出しません。実際に、固定的マインドセットを持つ子どもたちからは、「どうせやったって無理」とか、「失敗したら恥ずかしい」という声をよく聞きました。

対照的に、成長マインドセットを持つ子どもたちは「努力は何かを得るためには欠かせない」ととらえますし、努力することを誇りに思うのです。成長マインドセットを持つ子も、失敗したらもちろんつらい気持ちにはなりますが、「自分の能力は伸ばすことができる」と信じているので、再度挑戦することを考えます。

成功したとき、失敗したときの声かけ

「うちの子は何に対しても無気力で……成長マインドセットが育つとは思えない……」と思われた人もいらっしゃると思いますが、心配ありません。**成長マインドセットは育てることができます。そのカギは「成功したときと、失敗したときの声かけ」です。**

たとえば、子どもが毎日コツコツと勉強をがんばって、テストで100点をとったとしましょう。そのとき「すごい、天才だね！　やっぱり才能があるね」と声をかける人は、多いことでしょう。しかし、こうした**能力や才能をほめる声かけは、意外なことに固定的マインドセットを育てることになってしまうのです。なぜなら、子どもたちはこのような言葉を聞くと「才能があるかないか、頭がよいかどうかで自分の価値が決められるんだ」というメッセージを受けとるからです。**

成長マインドセットを育てるには、能力や才能ではなく、努力と過程に注目した言葉がけが重要です。「テストまでの勉強計画を立てて、粘り強く、勉強にとり組んだね」「毎日放課後はテスト勉強をがんばってきたよね。１００点とれてどんな気持ち？」というように、努力してきた過程を認める声かけをすることで、「努力することで力は育つんだ」という成長マインドセットを育てることができます。

「成長マインドセット」を育てる声かけ

では、子どもが失敗をしたり、うまくいかなかったりしたときには、どんな声かけがよいのでしょうか？　そのポイントは、「まだ」という言葉にあります。

「うまくできなかった」「失敗してしまった」と子どもが感じているとき、「今はまだ、うまくできなかったね」「まだ難しいところがあったね」と声をかけましょう。「今はまだできないけれども、これから練習や工夫を重ねればできるようになる」というメッセージを伝えることになります。

そのうえで、失敗から何を学び、今後はどんなことをすればよいのかを、一緒に考えていくと、成長マインドセットを育てるよい訓練になるので、おすすめです。

誰かのためにと思える力

中高生になったら、成長マインドセットを育てる先にもう一つ意識していきたいことがあります。それは、個人的な成長に注目した成長マインドセットの発展形としての「貢献マインドセット」です。貢献マインドセットを持つ人は、自分が成長することで、自分が世界に貢献できると考えます。そして、意味ある貢献を行うことで、幸せや達成感を感じます。

成長マインドセットで育てた能力は、自分だけが何かを得て勝ち抜くために使うのではなく、他者をサポートするために、みんながよくなるために活用する――そんな貢献マインドセットを持つことで、子どもたちは目的意識を強く持ち、それが逆境や困難を乗り越える力にもつながります。

大事なこと 6

性格的な「強み」を育てる

「自己肯定感」という言葉を聞いたことがある人は多いと思います。自分のいいところも悪いところも両方あって自分らしいと、自分自身に満足している感覚を指します。この**自己肯定感が高い子どもは、困難に立ち向かう力が強いといわれています。**

ところが、内閣府の調査では「日本の子どもたちの自己肯定感は他国の子どもたちと比べて低い」ということが判明しました。この結果に不安を感じるかもしれませんが、決して悲観することではありません。自分自身に満足できないことが、ときに成長につながります。しかし、子ども自身が自分の強みを見つけられず、自分を否定してばかりいたら、それは生きづらさとなってしまうでしょう。

そこで、ここでは子どもたちが自分のよいところを発見し、自己肯定感を育てるために必要なことをお伝えしていきましょう。

その最初の一歩となるのが「子どもが自分自身を理解すること」です。

「え、そんなこと？」「自分のことは自分がいちばんわかっているんじゃない？」と思いがちですが、実はそうでもありません。**子どもだけじゃなく、大人も意外と自分自身の理解ができていないことは珍しくないのです。**

自己肯定感を育てるということは、「自分のいいところと弱みの両方を理解して、受け入れていく」ことを指します。子どもたちは、家族や友達など身近な人にその姿を受け止めてもらうことで、自己肯定感を育てていくのです。

また、レジリエンスを育てる要因の中には、「自己理解」という項目が含まれています。自分の性格や考え、気持ちがわかるように育てることは、レジリエンスを育てる大切な要素であることが、研究で明らかになっているのです。

そして、レジリエンスを育てるためには、弱みを直す以上に、強みを育てることが重要です。

親御さんに「お子さんの強みは何ですか？」と聞くと、「やさしいところ」「おもしろいところ」など性格的な長所をあげたり、「足が速いところ」「ピアノが上手に弾けるところ」など能力的に優れたところをあげたりと、親御さんによって答えはいろいろです。実際に、さまざまなタイプの強みがあり、アメリカの心理学者、ライアン・ニーミック博士によると、強みは大きく分けて以下の六つに分類されるといわれています。

1 才能：物事を自然とうまくできてしまう能力。
2 スキル：訓練によって身につけたある特定の技術。
3 興味・関心：自分が好きなこと、夢中になれること。
4 リソース（資産）：人間関係や生活する環境、経済的状況など自分を支える外的な要素。
5 価値観：私たちが大切にし、行動の指針にしているもの。
6 キャラクター・ストレングス：ポジティブな性格特性で、思考や行動として発揮されるもの（好奇心、勇敢さ、思いやり、感謝など）。

参考：Ryan M. Niemiec『Character Strengths Interventions』

この六つの中でも、自己肯定感との関連が高い「キャラクター・ストレングス」と呼ばれる性格的な強みについて掘り下げてみましょう。

性格的な強みは、本人や周りによい影響を与える性格的なよいところを指します。その傾向はふだんの考え方や行動にあらわれますし、スキルや才能など、強みの核となります。逆境や困難を乗り越えるための大きな力としても発揮されます。

性格的な強みに関する科学的な研究がポジティブ心理学の枠組みの中で始まって20年ほどたちます。そのなかで、仕事や教育、人間関係など、さまざまな領域で強みを意識的に活用することの恩恵が明らかとなってきました。

たとえば、**人生満足度や自己肯定感の向上、抑うつリスクの低下、レジリエンスの育成と強化、学校への適応能力の向上と学習態度の改善などが報告されています。子どもたちの心を育てることに加えて、学業にもよい影響があることが明らかにされてきました。**また、親が子どもの強みに注目すると、子どもの幸福度が上がったり、ストレスが減少したりする傾向があるという研究報告もされています。

「24の『強み』図鑑」であてはまるものを探してみよう

子どもたちの性格的な強みを育てるための第一歩は、性格的な強みについて親が理解を深めることです。その助けとなるツールが、「VIA(Value in Action)プロジェクト」と呼ばれるポジティブ心理学における強みの研究成果により特定された、24の強みの一覧です。

どんな強みがあるか、親子でそれぞれチェックをしてみましょう。

親子でチェック!

24の「強み」図鑑

Peterson, C., & Seligman, M. E. P. (2004).「Character strengths and virtues: A handbook and classification」New York: Oxford University Press and Washington, DC: American Psychological Association.
※上記書籍を参考に作成(翻訳、アレンジは著者による)

1 好奇心

**何にでも興味を持つ
探検家タイプ。
情報収集、発見が好き！**

親 子
□ □ 新しいことを見つけるのが好き
□ □ 「なんでだろう？」がすぐ頭に浮かぶ
□ □ 情報を集めることに積極的

伸ばす声かけ

- 新しい発見ができたね！
- いろんなことに興味が持てるね

2 向学心

**新しい知識、能力を
身につける意欲が高い。**

親 子
□ □ 知っていることも深掘りして調べる
□ □ 学ぶ機会や場所を好む
□ □ 知らないことを学ぶのが好き

伸ばす声かけ

- 根気よくよく調べたね
- もの知りだね

3 創造性

**何かオリジナルなものを
考えるのが得意！**

親 子
□ □ 新しいアイデアを考えるのが好き
□ □ 従来のやり方を工夫しようとする
□ □ みんながびっくりすることを考えるのが得意

伸ばす声かけ

- ほかにないアイデアだね
- よく思いついたね！

4 全体を見渡す力

**広い視野で
物事を見たり、将来を考えたり
することができる。**

親 子
□ □ 友達によいアドバイスができる
□ □ 周りをよく見ている
□ □ 大きな目標を考えることができる

伸ばす声かけ

- あとのことまで配慮できているね
- みんなのことを考えているね

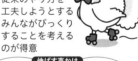

5　やわらかい頭

**違う角度から
物事を考え、
冷静に判断できる**

親 子
□ □ いろんな人の意見を受け入れられる
□ □ 決めつけず「本当にそうかな？」と考えられる
□ □ 感情に流されず理性的でいられる

伸ばす声かけ

落ち着いているね

いつも意見が参考になるよ

6　誠実さ

**自分にも周りにも
正直で責任感が強い**

親 子
□ □ 約束はいつもきちんと守る
□ □ うそをつかない
□ □ 自分の気持ちと行動に責任を持てる

伸ばす声かけ

いつも自分に正直だね

信用できるよ

7　熱意

**情熱的で活動的！
物事を中途半端に
終わらせない**

親 子
□ □ いつも元気で周りを明るくする
□ □ 勉強も遊びも一生懸命全力でがんばる
□ □ 活発でいつもワクワクすることを探している

伸ばす声かけ

きみといると元気になれるよ

いつも元気いっぱいだね

8　がんばり続ける力

**一度何かを始めると
最後までやり通す力**

親 子
□ □ 習い事や勉強をコツコツ続けられる
□ □ 決めたことは100%の力でやる
□ □ 難しいこともあきらめずにやり通す

伸ばす声かけ

よくやり遂げたね

最後までがんばってすごいね

9　勇敢さ・勇気

難しいことにも
自分を信じて
立ち向かうことができる

親 子
□ □ 新しい挑戦を恐れない
□ □「とにかくやってみる」がモットー
□ □ 反対されても正しいと思うことをする

伸ばす声かけ

- 自分を信じて行動できるね
- 挑戦する勇気があるね

10　愛情

人に共感することや、
仲よくすることが好きで得意

親 子
□ □ 家族や友達を大切にできる
□ □ 好きな人たちと一緒だと安心する
□ □ 周りの幸せが自分の幸せと感じる

伸ばす声かけ

- きみといるとホッとするね
- いつも仲よくしてくれてありがとう

11　人とかかわる力

相手を理解するのが得意で
どんな人とも
うまくつきあえる

親 子
□ □ いろんなタイプの人とうまくつきあえる
□ □ 話を聞くのが得意
□ □ 友達の気持ちを察することができる

伸ばす声かけ

- いつも声をかけてくれてありがとう
- みんなの気持ちを考えることができるね

12　思いやり

親切でめんどう見がよい
名サポーター

親 子
□ □ 人が困っているとためらいなく助ける
□ □ 親切をすることが自分の幸せ
□ □ 人を喜ばせることが好き

伸ばす声かけ

- よく気がついてくれたね。助かったよ
- いつもやさしくしてくれてありがとう

13 公平さ

みんなに平等に接することができる

親 子
- □□ どんな意見も大切にする
- □□ えこひいきはよくないと思う
- □□ 差別や偏見は許さない

伸ばす声かけ

「信用できるよ」

「みんなのことを考えているね」

14 チームワーク

仲間が大勢いる中で物事がうまくいくようにふるまうことができる

親 子
- □□ 仲間のために自分にできることを考える
- □□ みんなで力を合わせることが大切だと思う
- □□ みんなとがんばるとやる気が出る

伸ばす声かけ

「きみと一緒だからできたよ」

「一緒だとがんばれるね」

15 リーダーシップ

多人数の中で先頭に立って行動することができる

親 子
- □□ 大事な役割を任せられることが多い
- □□ みんなをまとめて引っぱるのが得意
- □□ 頼りにされることが多い

伸ばす声かけ

「みんなをまとめてくれてありがとう」

「頼りにしてるよ」

16 広い心・許す心

まちがいや失敗に対しても寛容で許すことができる

親 子
- □□ 嫌なことがあっても忘れることができる
- □□ 嫌なことをされても仕返しはしたくない
- □□ 恨み言や悪口を言わない

伸ばす声かけ

「許してくれてありがとう」

「心が広いね」

17　自制心

誘惑に負けず、自分の言動をコントロールできる

親 子
- □ □ ルールやマナーを破らない
- □ □ 怠けたいときもやるべきことをする
- □ □ 思いどおりにならなくても怒らない

伸ばす声かけ

意志が強いね

いつもコツコツがんばっているね

18　思慮深さ

失敗や危険を遠ざけて慎重に行動することができる

親 子
- □ □ 行動する前によく考える
- □ □ 計画を立てることが得意
- □ □ 行動する前に周りをよく観察する

伸ばす声かけ

落ち着いてるね

よく考えてから行動できるね

19　つつしみ深さ・謙虚さ

いつも控えめにふるまい、慢心することはない

親 子
- □ □ 誰かの成功を素直に喜べる
- □ □ ほかの人のいいところに気がつける
- □ □ 自分のまちがいを素直に認められる

伸ばす声かけ

自慢をしないところがいいね

友達のいいところを見つけるのがうまいね

20　感謝

出来事のよい面に気がついて感謝の気持ちが持てる

親 子
- □ □「ありがとう」が自然に言える
- □ □ 自分が恵まれている部分を大切にできる
- □ □ みんなのおかげでがんばれると思える

伸ばす声かけ

お礼を伝えるのが上手だね

いいところを見つけるのが得意だね

21 希望

未来に明るい希望を持つことができる

親 子
- □ □ 大丈夫、なんとかなる！とよく思う
- □ □ 未来を信じて努力ができる
- □ □ いいことが起こるようがんばる

伸ばす声かけ

夢を持っていてすばらしいね

前向きだね

22 美しさを感じる力

あらゆるものの美しさや優れた点を見つけられる

親 子
- □ □ きれいなものを見ると元気が出る
- □ □ 日常生活の中にも美しさを見つけて味わえる
- □ □ 山や空、海などの自然が好き

伸ばす声かけ

心が豊かだね

センスがいいね

23 見えない力を信じる

大きな流れや広い世界の中で自分が生きていることを感じられる

親 子
- □ □ 目に見えないことも信じられる
- □ □ 教会や神社、お寺が好き
- □ □ 亡くなった親族も深く思うことができる

伸ばす声かけ

感じる力が強いんだね

見えない力を大事にできるね

24 ユーモア

笑いや遊び心が好きで人を楽しませることが得意

親 子
- □ □ 周りの人を言動で笑わせるのがうまい
- □ □ 人を楽しませるのが大好き
- □ □ どんな局面でも明るい面を探そうとする

伸ばす声かけ

いつも明るいね

一緒にいると楽しいよ

無自覚の強みを発掘しよう

いかがでしたか？　お子さんやご自身の「強み」は発見できたでしょうか。チェックが多かった上位五つの「強み」のうち、「自分らしいな」と思えるものが自分を特徴づける強みと判断してください。

当協会が行っている講座で、この24種類の強みを紹介すると、「え！　これも強みなの？」と驚かれることが多くあります。自分では「強み」と認識していなかったからでしょう。強みの種類と意味を知ることで、人は多様な強みを持っていることが理解できるようになるのです。

この「24の『強み』図鑑」でチェックしても「あんまり強みが見つからなかった……」「はっきりわからない」という人は、「強みを見つけるじゃま」が入っているのかもしれません。ネガティビティ・バイアスのことを覚えているでしょうか？　私たちは、よいことよりも、できていないこと、うまくいっていないことに意識が集まりやす

大事なこと 6

い、ということでしたね。そのため、無意識のうちに子どもの強みに対して、ネガティブ情報で目隠しをしてしまっていることが多くあります。そこから脱却して、強みを発見するためには、日常生活の中で「この子の強みは何だろう？」という視点をしっかり持って、意識的に子どもをよく観察する必要があります。強みを見ることができる「強みのメガネ」をかける、ということです。

性格的な強みは、目に見えるものではないため、特定が難しいと感じるかもしれません。しかし、その子の言動をよく観察してみると、さまざまなサインがあります。

また、**ネガティビティ・バイアス以外にも、強みが見えなくなる目隠しが親の目をあざむくときがあります。それは、「自分の受け入れがたい性格を無意識に子どもに見たとき」です。**

たとえば、私は自分の恥ずかしがりやなところが嫌いで、受け入れるのが難しい時期がありました。その影響のせいで、娘が新しい場所に慣れるのに時間がかかる姿を目《ま》の当たりにしたときに「なんとかしなければ！」と、弱みをなくすアプローチを試行錯誤した経験があります。しかしあるとき、「私自身の受け入れられていない特性を、私は娘に見ているんだ」と気がつきました。それからは、娘の行動を謙虚さのあらわれだと認識して、彼女の強みの一つであると、受け入れられるようになりました。

このように、自分のコンプレックスになっている性格をわが子に見たとき、親は受け入れることが難しくなりがちです。しかし、娘の例のように、実はその性格は「強み」のあらわれである可能性もあるわけです。コンプレックスのバイアスで子どもを見ていないか？　よく考えて、もう一度、新たな意識で子どもを観察してみてください。

そのために、強みを発見する三つのポイントを次にお伝えしておきます。

強み発見ポイント①　「うまくできる×何度もする×エネルギーが湧く」に注目

強み研究の第一人者でもあるイギリスの心理学者、アレックス・リンレイ博士は「強みとは、単にうまくできるもののことではない。自分らしく感じ、エネルギーが湧いてきて、最大限の力を引き出し、高い成果をもたらすもののことである」と言っています。

また、メルボルン大学（オーストラリア）のリー・ウォーターズ博士は、子どもが「うまくできること（得意）」「何度もすること（頻度）」「エネルギーが湧くこと（熱意）」の三つが重なるところに、強みがあるといいます。これは、性格的な強みに限らず、スキル的な強みを発見するときにも使える方法です。この三つのうち、一つでも欠けると「強み」の決め手に欠けます。たとえば、「得意でうまくできるけど、やると疲れてしまって力が湧かない」というのは「強み」とはいえないのです。

強み発見ポイント② 周りの人に聞いてみる

多くの人が、自分の強みはわからないけれどほかの人の強みはわかる、と言います。周りが教えてくれる強みは、自分が予想していた強みの場合もあれば、全く予想しなかった強みの場合もあります。複数の人に聞いてそれが同じである場合は、その強みが周りに伝わっているということ。違うなら、自分には見えていない新しい強みが増えたということです。

子どもたちに伝えると「え～、そんなの嫌だ」と特定の強みを嫌がることがあります。そんなときはその強みが、どれだけ自分や他者によい影響を与えているかを伝えていきましょう。たとえば、子どもが「真面目だね」と言われるのに抵抗があり、「真面目はノリが悪い」「おもしろくない」と思い込んでいたとします。そんなときには「真面目であることは、物事に一生懸命向き合い、人から信頼されるということだよ」と自他に与えるよい影響を伝えてあげてください。そうすることで、真面目であることを自分の「強み」と受け止め、真面目な特性を持つ自分を好きになれるようになるでしょう。

強み発見ポイント③
うまくいったときの「強み」を思い出す

お子さんやご自分が、何か物事をうまくできたときのことを思い出してみてください。そして、そのときにどんな強みを使っていたのか、考えてみてください。うまくいっているときは、無意識のうちに強みを発揮していることが多くあります。

所属する野球チームや生徒会で、イキイキと活動し、仲間に慕われている子がいたとすれば、その子の強みはリーダーシップやチームワークであることがよくわかるでしょう。もちろん、日々の生活ではうまくいかないこともありますが、あえてうまくいっていることを集めてみると、そこに強みが見えてくるのです。

それぞれの「強み」を意識した声かけを

「強み」が見つけられたら、次に、その強みを子どもに伝えましょう。そのときのコツは、**「強み」に合わせた声かけをすることです。**

ある日、娘を連れて公園に遊びに行ったときのことです。公園の川で、おたまじゃくしをつかまえようとしている3姉弟に出会いました。いちばん上のお姉さんは素手でおたまじゃくしをとろうとしていて、「1時間もこの川でおたまじゃくしをとろうとしているけど、まだとれないの」と教えてくれました。上の弟くんは、からのペットボトルを使い、お姉ちゃんのほうへおたまじゃくしが行くように水を流して協力していました。

しばらくすると、いちばん下の弟くんが、少し離れた場所にいたお母さんに「虫取りの網ない？」と聞いていました。これまでの方法ではおたまじゃくしはとれないと判断したのか、ほかの方法を考えついたようでした。

その後、しばらくして3人ともおたまじゃくしを無事につかまえることができました。みんな満足そうな笑顔でした。

さて、みなさんがこの3姉弟の母親だったら、そんな様子を見てそれぞれのお子さんにどのように声をかけるでしょうか？「とれてよかったね！」では、強みを伝える機会を失ってしまいます。強みに注目した声かけをするとしたら、お姉さんには「あきらめずに最後までやり通したね！」とがんばり続ける力を強みとして伝えます。そして、お姉さんをサポートしていた弟くんには、「お手伝いがうまくいったね！」とチームワークの強みがあることを伝えられるでしょう。そしていちばん下の弟くんには、「新しいアイデアをよく思いついたね」と創造性の強みを伝えてあげることができます。

このように、**同じ目的にとり組む子どもたちにも、それぞれの行動を観察して、そ**

子どもの「強み」に注目した声かけをする

同じことをしていても、子どもたちがそれぞれあらわす「強み」はそれぞれ異なります。それらを伸ばすためには、声かけの内容もそれぞれ変えるのが効果的です。

強み
がんばり続ける力
素手で1時間以上おたまじゃくしをとろうとがんばっている、お姉ちゃん
強みを伸ばす声かけ
あきらめずに最後までやり通したね
母
強み
チームワーク
ペットボトルでお姉さんのほうへおたまじゃくしを誘導した、上の弟くん
強みを伸ばす声かけ
お姉ちゃんのお手伝いをしてうまくいったね!
母
強み
創造性
虫取り網を使う方法を考えた、下の弟くん
強みを伸ばす声かけ
新しいアイデアをよく考えついたね
母

の過程と使った強みを具体的に伝える声かけを心がけてみてください。なぜなら、強みは認識して使えば使うほど、強く育っていくからです。親が子どもの強みを見つけて、それを言葉にして伝えることは、「自分の行動を見ていてくれた」「いいところを発見してくれた」という喜びを子どもに与えます。

問題行動に「強み」があらわれることも

自分らしい強みを発揮したら周りを困らせてしまった、というケースがあります。たとえば、「ユーモア」の強みが過剰に出すぎて、「ふざけすぎ！」と怒られてしまったり、「つつしみ深さ・謙虚さ」を使いすぎて自分の意見を引っ込めてしまい、「意見がないの？」と責められたり、といったケースです。このようなとき、子どもたちは自分らしさを否定されたように感じてしまいます。しかし、自分らしい強みを発揮したことが問題ではなく、その発揮のしかたに問題があるということです。

大事なこと 6

以前、オルタナティブスクールに勤務していたころ、リーダーシップの強みを持っている子がいました。ある日、何かのプロジェクトを進めるにあたり、その子はみんなを引っぱっていこうとがんばって指示を出したのですが、周りの子は「命令されているみたいで嫌だ」と感じてしまったことがありました。

こんなときには、周りの大人はその子にネガティブなレッテルを貼るのではなく、「この子はリーダーシップという強みを持っているけれど、それを使いすぎてしまっている」と考えてください。強みは自然と発揮できるがゆえに、使いすぎてしまうことも多く見られるものです。

ここでの声かけとしては「あなたの強みのリーダーシップでみんなをいつも引っぱってくれてありがとう。あのときも助かったよ。でも、今回の状況ではみんなにたくさん指示をして、みんなは嫌がっているみたいだけど、なんでだと思う?」と本人の気持ちや行動の意図を聞き出すことが大切です。そのうえで「リーダーシップとは、引っぱることだけではなく、みんなの気持ちを考えて見守ることでもあるよ」と、別の発揮のしかたを伝えることも役立ちます。その子の持つ強みはそのまま大切にしつつ、状況に応じてどれくらい、どのように強みを出すのかは、経験を通して学ぶ必要があるのです。

子どもたちはこうした体験を通したり、適切な声かけをされたりすることで、強みの上手な発揮のしかたを覚えていくものです。

強みが発揮できないとき

強みの使いすぎ(オーバーユース)の逆で、発揮できない(アンダーユース)こともよくあります。この場合、**発揮できていない強み自体を育てることもできますし、別の強みを活用することで、解決に導けることもあります。**

たとえば、小学校3年生のえまちゃんは、動物が大好きで生き物係をしたいと思っていました。しかし、勇気が出せずに、最初は手をあげられなかったといいます。そんなとき「生き物係ができたらとても楽しい」という「希望」という強みを発揮して、手をあげることができたそうです。「勇気」という強みが出せなかったかわりに、「希望」という別の強みを発揮することで、問題解決に結びついた、というわけです。24の強みは、強弱はあれど、誰もが持っていて、育てることもできます。特定の強みが発揮できずにいるときは、別の強みを活用したり、発揮できない強みを育てる活動をしたりすることで、どんな強みも育てて使うことができるようになります。

大事なこと 6

自己肯定感が低い子どもには「隠れた強み」を伝えよう

私はこれまでに、通常学級から適応指導教室まで、さまざまな環境、心の状態にある子どもたちへレジリエンス教育を行ってきました。

なかには、自分に自信を持てなくて、「あなたの強みはここだよ」と伝えても、なかなか受け入れることができない子もいました。そのような場合には、「実はあなたが嫌だなとマイナスに感じているものの中にも、強みは隠れているよ」と伝えることが話を進めるきっかけとなることがあります。

たとえば、怒りっぽく、頑固な人は、裏を返せば情熱的で正義感が強いともいえます。自信がないという人は、裏を返せば素直に意見が聞けたり自分を見る力があるともいえます。心配性の人は、慎重で気配りができて、先を見通す力があるともいえます。

自分に対してネガティブな感情を持っている子どもには、「短所と感じるところも見方を変えるとよい側面がある」ということを伝えてあげてください。それを根気よく繰り返すことで、自分の「強み」を受け止めることができるようになるでしょう。

また、中高生の場合は、自分らしさを出したときに否定された経験があると、スムーズに発見できないことがあります。強みが埋もれてしまっていることが多くあるからです。埋もれている強みを、ぜひ一緒に掘り起こしてみてください。

大事なこと 7

親子の絆を強くする

幸せで、たくましく人生を生きるためには、周りの人とよい関係をつくることが欠かせません。実際に、「幸福感の高い人は良好な人間関係を持ち、活発な社会生活を送っている」という報告が多数あります。

また、ハーバード大学の「Center on the Developing Child（子ども発達センター）」によると「**子どもがレジリエンスを育てるのに最も重要な要因は、親、養育者もしくはほかの大人の中で少なくとも誰か一人との深く安定した人間関係を持つことである**」と伝えています。

今回のパンデミックのような、これまでの価値観や生き方を大きく変えざるをえないような困難なときにおいても、誰かとつながっている絆があれば、私たちはその逆境を乗り越え、大きな傷からも立ち直っていけるのです。
では、こうした絆とは、どのように育つのでしょうか。ここでは、強い心を育てる親子の絆について見てみましょう。

親は子どもの安全基地になる

もともと「愛着」とは、赤ちゃんと養育者の間に生まれる心の絆のことを指していることは、ご存じでしょうか。イギリスの心理学者であり精神分析学者であったジョン・ボウルビィによって提唱された言葉です。

安定した愛着の形成は、人に対する信頼感や安心感をはぐくみます。「この世は安心できる場所で、何か困ったときには助けてもらえる」という信頼感です。そして、その後の発達や人間関係にまで大きく影響するといわれています。安定した愛着を築けた子どもは、成長して親元を離れたときに、不安を感じる出来事に直面しても、心が安定した状態で行動することができます。

安定した愛着を築くにあたっては、「抱きしめる」などのスキンシップ、そして、「おなかがすいて泣いたときにおっぱいをもらう」など、自身が出したサインに応えてもらう経験を通して、子どもは養育者に特別な結びつきを感じていきます。それを繰り返すことで、赤ちゃんは自分の養育者が安心安全で信頼できる存在だと確信するようになります。すると、養育者のもとから離れて、探求に出かけるようになるのです。

アメリカの心理学者、メアリー・エインズワースは、安定した愛着を築いた養育者の存在を、「安全基地」と言いました。人は本来興味のあることを探求したい気持ちを持っています。子どもは、安全基地から出発して、興味があることを見に行ったり、新しいことに挑戦したりして世界を広げていきます。

そんな子どもの様子を養育者は少し離れたところから見守り、子どもが必要とすれば手助けをしながら、子どもの冒険を見守ります。決して子どものあとを心配してついて回るのでもなく、手を出しすぎたり、先回りしたりすることもしません。子どもが必要なときにいつも利用できる基地としてドンと構えているのです。養育者から見守られる中で、子どもは自分の気持ちを立て直す経験をします。安心とともに、乗り越える力を育てていくというわけです。子どもが成長するに伴って、養育者は大きな世界に出ていく子どもを見守ることが多くなり、「子どもを信じる力」が試されるともいえるかもしれません。

もちろん、冒険に出かけた子どもは、うまくいかないこと、不安を感じることもあるでしょう。**「安全基地に戻れば抱きしめて受け止めてもらえる」「冒険に出ると言えば、自分を信じて見守ってくれる」。そのような経験を重ねることで、子どもは養育者に対する信頼感を育てていきます。**これは、乳幼児期に限りません。

毎日の「おかえり」「いってらっしゃい」には、このようなメッセージを込めて伝えたいものです。

人間関係が激変する三つのカギ

子どもたちが養育者から離れて、社会生活を営むようになると、今度は、友達や仲間との人間関係が、レジリエンスを育てるうえでも大きく影響するようになります。

このとき、**子どもたちに身につけてほしい、良好な人間関係を築くために大切な要素としては、ボニウェル博士は「感謝」と「許し」と「共感」をあげています。**

「ありがとう」という感謝の気持ちは、さまざまな利点があることが、研究によって証明されています。カリフォルニア大学デービス校のポジティブ心理学者、ロバート・エモンズ博士の研究によると**「感謝する人は、感謝しない人に比べて、喜び、熱心さ、愛、幸福、楽観性といったポジティブ感情をたくさん感じる。そして、日々のストレスに対して効果的に対応ができ、より強いストレスに直面したときにも、より高い回復力を見せた」と報告されています。**

つまり、「ありがとう」の気持ちを日常的に持つことで、ポジティブ感情を持てるうえ、レジリエンスも高まることがわかったのです。

この感謝の気持ちを育てるためには、まずは親がよいお手本になることです。

たとえば、子どもがお手伝いをしてくれたときには「自分から手伝うなんて、えらいね」と言うのではなく、「お母さんが忙しそうだと気がついてくれたんだね。手伝ってくれてありがとう」と声をかけます。「思いやり」の強みがあることを伝えながら、感謝の気持ちを表現しましょう。小さな出来事に対しても、機会を見つけて「ありがとう」を伝えます。こうした声かけを繰り返していると、子どもは自分でも感謝を伝えることが習慣になります。日常生活のちょっとしたことにも「当たり前」と思わずに、感謝の気持ちを持てるようになるでしょう。

人間関係構築の重要要素の二つ目は、「許し」です。許しとはとても難しいテーマですが、特に思春期にさしかかると、友人関係も複雑になり、許す力を育てる機会に直面することが多くあります。裏切りや屈辱的な目にあったとき、多くの人は相手を避けたり、復讐を考えたりすることで、その人との人間関係を壊してしまうことでしょう。理不尽な行動を許すことは、誰にとっても難しいのです。子どもが「友達に嫌なことを言われた！　もう許せない！」と言って帰宅したら、どのようにサポートすればよいでしょうか。許しに関する研究では、許しは思春期の子どもたちの心の健康に影響すると報告されています。他者を許すことで自分の中にある仕返ししたい気持ちや怒りを減らし、心の健康を増幅できるのです。まずは、許すことは大人にとっても難しく複雑であることを伝えましょう。そして許すことはその行為を認めることではなく、許せない、仕返ししたいという気持ちを持ち続けないことを自分自身で決めることである、ということも伝えます。また、次にご紹介する共感の力を育てることで、子どもたちは他者の視点からも物事を見られる力を育て、それは許しの力を育てることへとつながるでしょう。

人間関係構築の重要要素の三つ目は、「共感」です。相手のしぐさや言葉、出来事から相手の気持ちを思い浮かべて、理解しようとすることを、共感といいます。

そして、その際に重要なことが、じっくりと相手の話を聞くということです。聞くことの大切さを理解していても、ついつい、子どもの話を十分に聞く前に意見してしまったり、子どもの感情を無視して早急に問題を解決しようとしてしまったりすることがあります。

しかし、じっくりと子どもの話に耳を傾けて感情を認め、感情調整をサポートしながら困難な状況を乗り越えることは、子どもが他者の気持ちを理解する力、つまり、共感力を育てることにつながるのです。


また、話を注意深く聞くこと自体が、大きなサポートにもなりえます。レジリエンス研究の第一人者である平野真理先生は「生まれ持ってレジリエンスの要因が少ない人は、話を聞いてもらうというサポートを通して、アドバイスをもらう準備、つまり問題にとり組む準備ができることがある」と報告されています。

ただ話を聞いてもらうということが、安全基地でエネルギーを補給するということになるわけです。

大事なこと 7

うれしい出来事は全力で受け止めよう

子どもから喜びの報告を受けたときに親がどう反応するかということも、子どもとの信頼関係に大きな影響があります。アメリカの心理学者、シェリー・ゲーブル博士の研究によると「**相手からポジティブな知らせを受けたとき、うれしそうな表情をして、ともに喜び、その出来事について興味を持って詳しく質問をしたりするような反応をすることで、相手から信頼してもらえる関係を築くことができる**」といわれているのです。

慌ただしい毎日を送っていると、子どもが話してくれたうれしかったことや楽しかったことに「よかったね」「すごいね」など、簡単な反応で片づけてしまったり、「そんなことしてないで宿題しなさい」などと、その喜びを否定したり、「たいしたことじゃないよ」と低く見積もったりするような声かけをしてしまうことは多々あるものです。しかし、子どもがうれしい出来事を報告してくれたとき、しっかりと時間をとり、近い距離で目を合わせ、うなずきながら興味を示し、ともに喜ぶことは、子どものポジティブ感情を増幅し、信頼と好意を抱かせることにつながります。それが、結果的に親子の絆を強固にします。

子どもが口火を切りやすいように「今日はどんな楽しいことがあった?」と声をかけるのもよいでしょう。その子にとってのよい出来事は、大げさなくらい喜び、興味を持って話を聞き、その子にとって価値あることを一緒に味わってみてください。

「助けて」と言える関係性をつくる声かけ

家庭や学校に自分の居場所があるという感覚、いざとなったら頼れる人がいるという認識は、子どもの心身の安定には欠かせません。

ある脳科学の研究では、社会的な拒絶は、足を骨折するのと同じくらいの痛みでありえるという報告がなされました。孤独を感じて苦しむ人が増えていることは先進国

において、大きな課題ともなっています。

子どもたちにレジリエンスの授業を行う際に、私が必ず伝えることがあります。それは、「誰もが助けが必要なときがある。助けてと言えることは、とても勇気があることなんだよ」ということです。

子どもたちの中には、何か問題が起こると「自分でなんとか解決しなければ」「親には心配かけられない」と自分で抱え込んでしまう子もいます。自分の弱さを見せたくない、おかしいと思われたくない、叱られたくないなど、その理由はさまざまですが、結果的に問題をこじらせたり、子どもの心身を損なったりすることさえあります。

これを防ぐのが、先のような「**助けてと言えるのは勇気があること**」と**声をかけておくこと。そしてそれを可能にする、安心できる関係の土壌をつくっておくことです。**

家庭に限らず、誰かとの関係の中で心理的な安全性を感じられたら、子どもは助けを求めやすくなります。ふだんから子どもの声に耳を傾け、どんな考えや気持ちも批判したり否定したりせず、ありのままの姿を受け止め、「何があっても味方だよ」という姿勢を保つことが、心理的安全性の高い関係をつくるために大切です。

親のポジティブ感情が、子どもを助ける力になる

子育てをすることは、たくさんの喜びをもたらしてくれますが、同時に、大変だと思うような瞬間も多くあります。実際に、260人のフランス人の母親を対象とした研究では、20％の母親が燃え尽き症候群を経験していることがわかりました。日本においても、産後うつや育児ノイローゼは大きな社会問題です。

一方で、**「母親が自分自身のポジティブ感情を育てることで子どもに与えるネガティブな影響を緩和できる」ことも研究で明らかにされました。**この研究では、子どもが4～5歳のときと、4年後の8～9歳のときの子育てのストレスについて調査したものです。研究者は、母親と子どもが一緒に遊ぶ姿を観察して、子どものポジティブ感情や、母親がどれくらい子どもに対して敏感に反応するかを計測しました（母親が子どもの言動に敏感に反応して必要なサポートやケアをすることは、子どもの発達に

多大な影響を与えることがわかっています)。結果、ストレスが高い未就学児の母親は、4年後、子どもと遊んでいる最中、ストレスを感じると子どもに敏感に反応しなくなる傾向がありました。一方で、よりポジティブ感情を感じていた幸せな母親においては、ストレスと子どもへの敏感な対応に関連はありませんでした。

つまり、母親自身のポジティブ感情がストレスの緩衝材となり、子どもを守っているともいえるのです。ポジティブ感情は、身体的、知的、社会的および心理的リソースを構築します。ストレスがあってもポジティブ感情が高い母親は、子どもと一緒にいるときにこの構築したリソースを活用している可能性があるのです。

子育て中は、忙しい毎日をなんとかやりくりするのに必死で、自分のために時間を使うことをついついあと回しにしてしまいます。しかし、母親がポジティブ感情を蓄えることは、子どもをサポートするのに役立つと聞いたらどうでしょうか。誰かにありがとうと伝えること、公園に散歩に行くことなど、自分の心を満たしてくれる小さな幸せを感じる時間をとることも、大切にしてみてください。そして、自分自身によく「がんばっているね」と、ねぎらいとやさしさを向けてください。

第2章

実践！
困難に負けない子どもに育てる親の声かけ

実例 1

「学校に行きたくない」「学校で嫌なことがあった…」と落ち込んでいるとき

「なぜ行きたくないの？　行けば楽しいよ」
「そんなこと、気にする必要ないよ」
「どうしよう……（一緒に落ち込む）」

「教えてくれてありがとう」
「このことについて誰かに話したい？」
「そっか、そっか。ゆっくり休もう」

解説

「助けを求めてきたことに感謝する」が第一歩

「もう学校には行きたくない」と子どもから突然聞くと、親としては驚き、頭を悩ませるかもしれません。しかし、実は子どもの内側では口にする前からずっと、くすぶっていたはず。悩んだ末に、やっと親へ言い出せることがほとんどです。とはいえ、親御さんにとっては青天の霹靂《へきれき》です。「なぜ？　何かあったの？」と根掘り葉掘り聞き出そうとしたり、「行けば楽しいでしょ、行きなさい！」などと反射的に言ってしまったりするものです。また、学校で嫌な出来事などがあり、子どもが落ち込んでいることもあるでしょう。そんなときにも、親はついつい「そんなこと、気にしなければいいよ」とか「それぐらい自分でなんとかなるでしょ」と、不安や焦りから早く解決したい気持ちが先走って、ため息をついたり、突き放すようなことを言ったりしてしまいがちです。ときには「どうしよう……」と子どもと一緒に悩み込んでしまうことも。

そこをグッとがまんして……**まずは勇気を持って伝えてくれたことに、感謝の気持ちを伝えてください。悩みや問題について、親子や家族で話ができるということが非常に大切だからです。**誰にも頼らずに一人でなんでも解決することだけが強さではありません。誰かに自分の悩みや弱さを開示できることもまた、強さといえるのです。

そして、子どもの気持ちをじっくり聞いてみてください。ときには、本人も明確に学校に行きたくない理由がわからないということもあるでしょう。本人がいちばん、これからどうなるのか不安に感じているはずです。そんな不安や、わからないという気持ちをまるごと「そっか、そっか。ゆっくり休もう」と受け止めてあげてください。

実例1

そして、子どもには自分の力で立ち直る力があると心に留めておくことがいちばん大切です。子どもがつらい出来事を体験する姿を見ることは心が痛みます。しかし、親からの情緒面での保護とサポートがあれば、子どもは必ず乗り越えていけます。

私も学生時代に登校拒否になったとき、当時の先生から「心配はしていないよ。でも、気にかけているからね」と言ってもらいました。「先生は私が立ち直れる力があると信じてくれているし、見捨てることはしない」と思えてとても安心しました。

子どもたちは、大人の言動のもととなっている動機に敏感です。**子どもの立ち直る力を信じている大人の言動は、子どもの中で「自分を信じてくれている」というエネルギーに変わります。**逆に、大人が不安な気持ちからとった言動は、「自分の力を信用していないんだ」と伝わり、自分には立ち直る力がないと思い込んでしまうのです。

また、子どもが成長するにつれて、親には話したくないけど、少し距離のある人になら話ができるということもあります。「心を整理するのが上手な人がいるよ。そういう人に話してみたい？」などと、親以外にも相談できる人や機関があることを伝えておきましょう。

実例 2

転校や進学、クラス替えなど、環境の変化に対して不安になっているとき

✕

「大丈夫、大丈夫！　すぐ慣れるよ」

「しょうがないでしょ！」

「大きな変化は誰でも不安になるよ。あなただけではないよ」「それは不安だよね……でも新しいところで楽しいこともありそうじゃない？」

解説

よい面に意識が向くよう働きかける

親の事情で転校をしたり、全く知らない人ばかりの学校に進学したりしたときは、子どもは新しい環境への不安や友達と離れる悲しさなどでいっぱいになります。進級時にクラス替えがあるときにも、仲がよかった友達と離れて「友達が誰もいなくてどうしよう……」と落ち込むケースも少なくありません。

こうしたネガティブ感情でいっぱいのとき、新しい環境にもよい面があることにはなかなか気がつけなくなります。しかし、新しい環境に飛び込むときは、子どもにとって大きな変化を乗り越える力をつける、よい機会にもなります。

まずは「そう感じるのは当たり前だよね」「わかるよ」といった声かけで、不安に思う気持ちを受け止めてあげましょう。そのあとは、「新しいところで楽しそうなことは何かな？」とポジティブな側面に気がつけるような質問をしてあげます。新しい環境で体験できる楽しいことを親子で調べてみたり、離れた友達とも楽しく交流できる方法を考えるなど、変化の中で自分にもできることを見つけることで、前向きになれるケースもあります。ふだんから「今日うまくいったことは何かな？」とポジティブな側面に目が向けられる質問をしておくことで、よい側面に気がつける力は育ちます。

小学校高学年ごろになるとメタ認知も育ってきますから、物事のポジティブな側面を見ることに挑戦できるようになります。「強い心を育てる重要な要素の一つとなるのが、嫌な出来事が起きたときに『楽観的な説明スタイル』でとらえる力である」と提唱したのが、心理学者のマーティン・セリグマン博士です。**楽観的な説明スタイルと**

実例2

は、嫌な出来事に対しても「①原因は自分だけのせいではなく、環境も含めてさまざまな要因があり（自分化しない）、②この原因は長くは続かずいずれは解決する（一時的）。そして、③多くのことには影響しない（限定的）」というとらえ方を指します。

たとえば「新しいクラスに仲よしがいない」という状況であれば、「まだ友達がいないけど、親戚のあつしくんも引っ越しで友達がしばらくできなかったと言っていた。私だけじゃないし、すぐは無理でもきっと友達はできる。習い事では仲よしの友達がいる」と前向きになれます。逆に悲観的な説明スタイルは、自分のせいで嫌なことが起こり、その出来事は一生変わらず続き、ほかの多くのことにも影響すると考えます。

楽観的な説明スタイルを身につけられるように、先のセリグマン博士による三つのポイントをもとに「この部分はあなたの責任だけど、あの部分はあなたの責任ではないんじゃないかな？」と責任を負うべき範囲について話し合ったり、「いつも、ずっと同じことは続かないよ」「これですべてが台無しになるわけではないよ」と視点を変える声かけをすることで、楽観的な説明スタイルへと誘導してあげましょう。

実例 3

学校で発言ができない。友達に言いたいことが言えない。進んで何かをやろうとしないとき

×

「なんでできないの？」

「〇〇ちゃんみたいにがんばりなさい！」

「そんなに内気でどうするの？」

「じっくり考えられるのは、〇〇ちゃんのいいところだね」「自分のペースでいいよ」「一緒に考えてみよう」

解説

「内向的」はつつしみ深さや思いやりの裏返し

言いたいことがうまく言えなかったり、積極的に行動することが苦手……そんなタイプの子どもたちは、内向的な性格が短所であると思われがちです。しかし、内向的な子というのは、周りをよく観察していたり、周りの意見を尊重したうえで自分の意見を伝えようとしたり、注意深く考えたり、行動する前にじっくりと考えたりするといった特性を持っています。これらは、すばらしい強みです。

ただ、「つつしみ深さ（謙虚さ）」「思いやり」「思慮深さ」など他者に対して発揮されやすい強みを使いすぎると、言いたいことが言えなくなったり、やりたいと思っていてもできなくなったりするなど、自分をないがしろにしてしまうことがよくあります。そのようなときには、本来持つ強みのマイナス面をカバーする強みを使うことで、その子らしさを失わずに、行動面を変えていくことができます。特に自分に対して発揮するような強みが助けてくれます。

まずは「**慎重にとり組めるのは○○ちゃんのいいところだよね**」**といった声かけで、それが強みであることを伝えましょう。**隠れた強みを教えることは、子どもの自己肯定感を高めることにつながります。そのうえで本当にやりたいことが実現できるようにサポートします。「それを発言したらどんないいことがあるかな？」「その行動をとったらどんな気持ちになると思う？」など、「勇気」や「希望」といった、実現に近づく手助けをする強みが発揮できるきっかけとなる声かけをするといいでしょう。

ちなみに、**「○○ちゃんみたいに」など、他人と比べるような声かけは、強みを育てることにも、強みを生かして思いを実現することにも結びつきません。**他者と比較

実例3

することを続けていると、他者より秀でることで自尊心を満たそうとする方向に向かってしまいます。結果、本人の生きづらさにつながります。

比較するとしたら、過去のその子と比較することです。もし子ども自身が人前で発言できるようになりたいと願っている場合、たとえ100回できなかったとしても、その後に1回できたら、その勇気をほめてあげてください。その子のペースでよいこと、できた行動を認めることに注目して声かけをする方法は、問題行動を減らしたいときにも活用できます。

また、やさしく、おとなしいタイプの子は、友達に言いたいことが言えずにいつも言いなりになってしまう、というケースも少なくありません。そんなときには、「どうしたら○○ちゃんもあなたも気持ちよく遊べるかな。一緒に考えてみよう」と声をかけ、解決策をいくつか一緒に考えるのも一つの方法です。そして、それを一つ一つ試してみるようにサポートします。それでも解決しない場合には、「どういうお友達と仲よくしたいと思う?」と質問しながら、「よいお友達とはどんな友達か」ということを学ぶ機会にすることもできるでしょう。

実例 4

「どうせ無理」と言って挑戦しようとしないとき

×

「できる、できる!! がんばって!」

「そうやってやる気がないからダメなんだ」

「今できることをやってみよう！」

「まずは一つやってみよう」

「今日は5分だけやってみようか」

解説

大きな目標を小さく分割！　成功体験を積み重ねよう

何か新しいことに挑戦する前から「自分には、どうせできないから……」とあきらめるような言葉を子どもから聞くことがあります。親にとっては残念な気持ち、励ます気持ちから「大丈夫だよ！　きっとできるから、やってみなよ！　がんばれ！」と励ましたくなりますね。

しかし、本人から見たとき大きすぎる目標に思えたら、「自分には到底無理」と思うのは当然かもしれません。慎重さや思慮深さといった特性がある子は、なおさらその傾向があるでしょう。

そんなときには、**その子が「それならできそう」と感じられる、最初の一歩を設定してあげることをおすすめします。**最終的な目標に近づく小さな一歩を設定して、「まずは一つやってみよう」「じゃあ、今日は5分だけやってみようか」と声をかけることから始めてみてください。コツは、ちょっとがんばればできることにすることです。そうすれば子どもも「それぐらいなら……」と少し前向きに気持ちが変わってきます。

そしてその一歩に挑戦できたら、「挑戦できたね」「わー、できたね、よかったね！」といったかたちで、達成できたことを一緒に喜びましょう。この繰り返し、その一歩一歩が「自分にもできるかもしれない」と前向きにとらえる力とやる気を育てます。

親としては「そんなことで目標達成できるの？」と不安になるかもしれません。しかし、これまで努力したけれども結果に結びつかなかったという経験や、誰かから「あ

実例4

なたにはうまくできないから、やめておきなさい」というメッセージを繰り返し伝えられてきた子どもは、挑戦する気力を失って「何をやってもうまくいかないし、無理」と思い込んでいる可能性があります。

このような状態が、33ページでもお伝えした「学習性無力感」です。自分ではどうにもならない経験が何度も続いたことで、解決に向けての努力をしなくなることを指します。違う方法や、状況の変化や努力によって、今度はうまくいくかもしれないのに、「どうせ何をやっても無理……」と思い、挑戦しなくなってしまうのです。

学習性無力感から引き上げる第一歩は、「失敗することはあなたの能力不足のせいではない」と伝えることです。そして、練習をしたり、別のやり方でやってみたりするとうまくいく体験をしてもらうことが、脱却の第一歩となります。

先のような小さな一歩一歩をクリアして、成功体験を積み上げることで、徐々に「自分の〝努力〟でよい結果を生んでいる」という気持ちが生まれてきます。それが、学習性無力感の真逆にある、「自己効力感」です。レジリエンスを育てる重要な要素でもあります。まずは焦らず、その子にできる一歩から、始めてみてください。

実例

5

大事な試合や受験で失敗してしまい、落ち込んでいるとき

「そんなクヨクヨしないの！」

「大丈夫よ、全部うまくいくことなんてないんだから」

「なんで、できなかったの？努力が足りなかったんじゃないの」

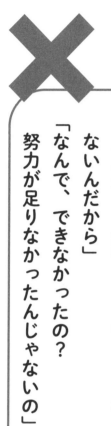

「これまでよくがんばったね」

「くやしいね。うまくいかないことってあるよね」

「今回はうまくいかなかったね。

うまくいくにはどうしたらいいかな？」

解説

くやしい気持ちを受け止め、自信を育てる声かけを

受験や大事な試合がうまくいかなかったときなどは、それが人生の中で大切な出来事であればあるほど、子どもは落ち込みます。それだけがんばってきた、ということですから、落ち込みや悲しみを感じることは当然のことです。ただ、「自分はバカだ！」「人生もう終わりだ」と自分を責め続けてしまうことは、そのつらさを乗り越える役には立ちません。**つらさや悲しさを感じていることを受け止め、自分自身に思**

いやりの気持ちを向けられる力こそが、困難を乗り越える力となるのです。

とはいえ、子ども自身がネガティブ感情をうまく受け止め、自分をいたわることは、まだ難しいでしょう。そこで、周りの大人が「つらいよね」「よくがんばったよ」「大事なことがうまくいかなくて、くやしいね」と、共感的な表情と声のトーンで伝えてあげてください。**子どもは、周りの大人が自分に接してくれた方法を、自分の中にとり込んでいくものです。**徐々にネガティブ感情を受け止めたり、がんばった自分をいたわることが、自分でもできるようになるでしょう。

そのうえで、子どもの可能性はまだまだ伸びる、ということを伝える声かけもしていきましょう。そのヒントとなるのが、「マインドセット」です。個人の行動や態度を決定する物事のとらえ方「マインドセット」について、129ページでご紹介しました。実は、このマインドセットは、親が子どもの失敗や挫折にどのように対応するかが、大きく影響することがわかっています。

実例5

たとえば、子どもが失敗したとき、親が「大丈夫。全部うまくいくことなんてないよ」と失敗した出来事を軽視したり、「こんなに簡単なのになんでまちがえたの!?」などと大げさに反応したりすると、「あなたには達成できる力がない」というメッセージを送ることになります。すると、子どもは「この先も能力やスキルを伸ばすことはできない」という信念を心に刻みます。

一方で「今回はうまくいかなかったね。次にうまくいくにはどうしたらいいかな?」「失敗は成長にはつきものだよ」という声かけは、「失敗は子どもの能力をあらわすものではなく、これからずっと失敗し続けるわけでもない」というメッセージを子どもに与えます。すると、子どもは「これから能力を伸ばして成功することもできる」と認識できるようになるのです。

親は、子どもの能力や「できるか・できないか」に注目するのではなく「失敗は成功のもと、ここから何が学べるか?」という姿勢を大切にしたいものです。

実例 6

人前での発表や受験、試合前で、プレッシャーに押しつぶされそうになっているとき

×

「もっと強くならないと！」

「緊張してると失敗するよ！」

「失敗しないようにね」

「緊張するのは当たり前だよね」「リラックス、リラックス」「一緒に深呼吸しよう」

解説

言葉と深呼吸の合わせ技で心と体の力を抜こう

大事な試合や発表会、入学試験の前など、人生に大きな影響を与えるような出来事を前にしたとき、子どもたちは自分の緊張だけではなく、親や周りからの期待も背負って、大きな緊張感に襲われるものです。

そんな緊張状態の渦中でプレッシャーにつぶされそうになっている子どもに対して「もっと強くならないと！」「失敗しないようにがんばってね！」と声をかければ、さらなるストレスを与えることになりかねません。子どもを追い込むことになってしまいます。

なかには、どんな状況にも動じないタイプの強い心を持つ子もいるでしょう。しかし大半の子どもはストレスを感じる状況になると緊張したり、不安や焦りを感じたりするものです。それは、その子が弱いということではありません。これからとりかからなければいけない出来事を大切なことだと認識している証拠です。これから向き合うことをどうでもよいと思っていたら、緊張することはないからです。

大切なことは、緊張から萎縮している場合には、その気持ちを立て直す方法を身につけておくことです。子どもがよりよいパフォーマンスが発揮できるようにするためにも、心と体を落ち着かせるような声かけと深呼吸でサポートをすることが有効です。

おすすめは「リラックス」という言葉を使うこと。リラックスという言葉には、「落ち着いてね」「緊張する気持ちよくわかるよ」「実力出せるよ、大丈夫だよ」といった、

実例6

さまざまなメッセージを含めることができます。

私も、子どもが病院を極度に怖がって緊張状態になってしまったときや、生徒が受験の前日にドキドキして眠れないというときなど、「リラックス〜、リラックス〜」とよく声をかけました。そして、一緒に深呼吸をすることで、子どもたちの心が無事に落ち着いたことが何度もありました。

成功している姿をイメージさせるのもよい方法です。「うまくいっている姿はどんな感じかな?」「どんな気持ちになる?」と声をかけながら、ポジティブな感情を味わうのもよいでしょう。

緊張すると呼吸が浅くなったり、筋肉が硬直して体が動きにくくなったりします。声かけと同時に、深呼吸やストレッチで体を動かすことも一緒に行うことをおすすめします。

実例 7

自分にはいいところなんてない…、自分は必要とされていない…、と自信を失っているとき

「英語のテストでは、いつも一番じゃやない！」

「じゃあ、〇〇ができるように努力しようよ」

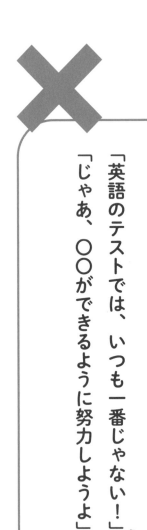

「ママはこの前、〇〇ちゃんがとてもやさしいなと思ったよ」「〇〇くんは約束を破ったことがないよね。それはすごいことだよ」

解説

その子の「性格的な強み」に注目してほめる声かけを

自分に自信が持てない。誰からも必要とされていないような気がする……そんなふうに、自分自身には何もいいところがないと感じることがあります。現代はＳＮＳの影響もあり、他者と比較したり、誰かのすてきな出来事を毎日見たりすることで、落ち込んでしまう子も多くいます。ふだんは平気でも、自分の気持ちが安定しないとき、不安なことがあるときは、そんな思いにとらわれがちです。

親はそんな様子を子どもに見たときには、「そんなことないよ！」「あなたにはすてきなところがたくさんあるよ！」と強く否定したくなりますが、それは少し待ってください。子どもがネガティブ感情を抱いたときの大原則は、その感情を否定することなく、まるごと受け止めてあげることでしたね。まずは、「自分にはいいところがないと感じているんだね」と、子どもの考えや気持ち、物事の見方を受け止めましょう。そうすることで、**子どもは「自分の感じることや考えることに対して否定されることはないんだ」という安心感を持つことができます。**ありのままの自分を肯定してもらえたと感じることができるのです。

そのうえで、親御さんが感じているすてきなところを伝えることで、子ども自身が自分のよさに気がつけるように手助けしていくとよいでしょう。

具体的には、**その子の性格的なよいところ＝性格的な強みを、できるだけ詳しく言葉にして伝えていくことです。**強みについては、１４０ページの「24の『強み』図鑑」で詳しくお伝えしましたね。自分の強みに気がつくことで、子どもの中に自己肯定感が育ちます。伝えるときには「この前、迷子の子を助けてあげようとして、とてもや

実例7

さしいな、と思ったよ。○○ちゃんのやさしい気持ちが迷子の子を元気にしたよね」などと、強みを発揮した具体的な場面を指摘すると、より効果があります。

ここで大切なポイントが、ほめるところを性格の強みにしぼることです。スキルや能力などに関する強みは、時代に合わなくなったときや、もっとうまくできる子がいたときに「やっぱり私にはいいところがない」と落ち込んでしまう原因になりかねません。それに対して、性格的な強みは誰からも奪われることがない、時代にも左右されない、自分だけが持つ強みです。

何かができるからほめるのではなく、子ども自身が持つ性格的な強みこそが、その子らしさをあらわし、とてもすてきで価値あることだと伝えていきましょう。

ときには、子どもの強みを伝えているのに、一向に自分を肯定できない子もいます。その場合は、まずは、ただ話を聞いて受け止めてあげるだけに留めます。その子の話を聞くことは、ありのままを受け止めることになります。自分を肯定する気持ちが湧き、徐々に話を受け入れる準備ができてくることも多くあります。

実例 8

泣きわめいたとき、かんしゃくを起こしたとき、言うことを全く聞いてくれないとき

×

「迷惑だからいいかげんにしなさい！」

「なんでそんなにわがまま言うの⁉」

「〇〇しなさい！」

○

「ちょっとお母さんも気持ちを落ち着けるね」

「どうしたらいいか、一緒に考えよう」

「お母さんにできることある？」

解説

自分のイライラを鎮静化させてから、声かけをすること

きょうだいゲンカや、うまくいかないことがあって泣き続けたり、早く外出しなくてはいけないのに、のんびりしていて動く気配もない……そんな困った場面は、親なら一度は経験があるものです。最初は穏やかに対応していても、それが続くと思わずイライラとして、感情的に「いいかげんにやめなさい」「もう勝手にしなさい」「早くしなさい！」といった、ふだんなるべく言わないようにと心がけているような言葉を

ぶつけてしまうこともあるでしょう。

しかし、「親が子どものよいロールモデルになること」は、すでにお伝えしたとおり、レジリエンス育成のための大切な心得の一つです。自制心を失いそうなとき、まずは自分の気持ちの切り替えをしましょう。子どもの安全を確認したうえで少し距離をとり、「お母さんイライラしちゃったから、気持ちを落ち着かせているところなの」と子どもを拒否しているわけではないことを説明して、深呼吸をしましょう。歌を歌ったり、ストレッチをしたり、自分に合った落ち着く方法なら何でもかまいません。そのような姿を見た子どもは、ネガティブな感情になったとき、心を落ち着かせる方法を、親というロールモデルを見て学ぶことができるのです。

自分の気持ちが落ち着いたら、「はい、お待たせ。お母さん落ち着いたよ」と声をかけ、子どもがかんしゃくを起こしていたら抱きしめたり、肩をさすったりして、今度は子どもの気持ちを落ち着かせる手助けをしましょう。

きょうだいゲンカをしているときには、それぞれに対して別の場所でじっくりと共

実例8

感して気持ちを言葉にするサポートをするといいでしょう。心の内側を言語化することで、圧倒されるような大きな感情を鎮める手助けをすることができるのです。

子どもの心が落ち着いたら「うまくいくようにお手伝いできることある？」「お母さん（お父さん）にしてほしいことある？」などと、子どもがどのようなサポートを必要としているかを聞いてみましょう。「どうしたらいいか一緒に考えよう」という言葉がけも、具体的な解決策や、よりよい対応のしかたについて話し合うほうに意識が向けられます。心が落ち着けば、よい方向に向かうための話ができる心の準備もできることでしょう。

また、ユーモアや笑いが、心の余裕をつくる手助けをしてくれることもあります。状況の中で「おもしろいな」と思える部分を見つけたり、笑顔になれたりするユーモアは、場をなごませ、心に余裕をつくります。

実例 9

門限を守らなかったとき、禁止されている場所へ内緒で行ったとわかったときなど、大人との約束を守らなかったとき

×

「何回言ってもわからないんだから！」

「どうして言うことを聞けないの!?」

「もう出かけちゃいけません！」

「外が真っ暗ですごく心配したよ。遅くなるなら連絡して」
「お母さんはあなたが危ない目にあうのは嫌だから、約束守ってくれるとうれしいよ」

解説

「私は……」から始まる言葉を伝えよう

門限どおりに帰ってこなかったり、子どもだけで行ってはいけないと教えていた繁華街に遊びに行ってしまったり。子どもが危険な目にあうかもしれないと心配したぶん、親としては冷静ではいられず、子どもを前に激高してしまいそうなシチュエーションです。

こういうときの声かけのポイントは、**「あなたは……」と子どもを主語にせず、「私**

は……」から始める言葉を使って、心配したんだよ、という気持ちを伝えることです。

これは、自分の気持ちを相手に伝える「Iメッセージ」という方法です。Iメッセージとは「私は～と感じている」「私は～してほしいです」といったかたちで、「私」を主語として自分の思いを伝える表現方法。

「あなたは～です」といったように、主語が「あなた」になる「Youメッセージ」を使うと、相手を責めたり、非難したり、行動を変えさせたいという指示をする言い方になりがちです。親御さんたちが本当に子どもへ伝えたいことは、「危険な目にあっていないか心配した」「あなたは自分にとって何よりも大切な存在」「暗くなるまで出かけたり、犯罪に巻き込まれやすい場所へ出かけたりしてほしくない」ということのはずです。相手の言動によって、自分がどう感じたのか、相手に何を理解してほしいのかを率直に伝える効果があり、本当に子どもに伝えたいことが届きやすくなります。

子どもの言動を責めるのではなく、子どもの言動によって自分がどう感じたのか、どうしてほしいのかを冷静に伝えましょう。

子どもがうそをついたときも「うそをついてはダメ！」「あなたはうそつきで悪い

子」と言うより、「本当のことを言ってくれなくて悲しかった」「信頼ダウンしちゃったな」と伝えるほうが、子どもが自ら考え、行動を改める傾向にあります。ポイントは「Iメッセージ」で伝えること、そして、その子自身の性格や存在を否定するのではなく、行動が与えた影響について話をすることです。

もちろん、言語的な表現方法以外に、表情やボディーランゲージなどの「非言語表現」も重要なコミュニケーションの方法です。そのため、親がネガティブな感情に圧倒されたまま子どもに何かを伝えようとすると、たとえIメッセージで伝えようとしても、態度や声のトーンに怒りなどの気持ちが出てしまい、相手に言いたいことが伝わりにくくなることがあります。

人は言葉そのものよりも、表情や態度からのメッセージを受けとりやすいのです。怒りの感情でいっぱいのときは、まずは気持ちを落ち着かせてから口火を切りましょう。一貫性があることは信頼につながります。言葉と態度が一貫していること、そして昨日と今日と言うことが一致していることで、より相手に伝わりやすくなります。

実例 10

部屋を散らかしてばかりで片づけができていないとき

×

「なんでできてないの！」
「今すぐ片づけなさい！」

解説

「あれ、靴下が落ちているよ」「脱いだ上着はどこにかけるんだったっけ？」「部屋がきれいだと、みんな気持ちいいよね！」

命令じゃなくて、約束を思い出させる

何度注意しても、なかなか片づけができないお子さんに悩まされている親御さんは多いことでしょう。つい頭に血が上って「何回言ったらわかるの！」「今すぐ片づけなさい！」といった言葉をぶつけてしまう気持ちもわかりますが、ここまでのお話どおり、こうした感情的な言動はよい解決法とはいえません。

家庭でのルールを子どもが理解していれば、「靴下が落ちてるよー」「脱ぎっぱなし

になってるね」といった状況描写をするような声かけをするだけで、「あ、そうだった！」と気がつくことがよくあります。それでも気がつかないときは、「〜しなさい」と命令するのではなく、「どうする約束だったっけ？」と、ルールを理解しているかの再確認を行ってみましょう。

大人が社会のルールやマナーを示し、それらをきちんと守るという感覚を身につけさせることも、サポートする大人の重要な役目です。子どもへ社会的なセンスを身につけさせるために親がどう働きかければよいのか、参考になるのが「子育てスタイル」です。親が子どもの育成に対してどういう対応をとるかの「子育てスタイル」は、主に次の四つに分類されるといわれています。

①民主型…子どもの能力や感情面を最もすこやかに育てることができる育児スタイル。日々の生活の中で、子どもたちの気持ちや考えを十分に尊重しながら、ルールの理由を示し、必要な制限も設定。ルールを決めるときには子どもと一緒に話し合い、ルールを破ったらどうなるかを伝える。罰するのではなく、教えるタイプ。

②権威主義型…厳しくて温かさがない。理由は伝えずにルールだけを押しつけて子ど

もを従わせる。従わなければ罰を与える。一見順応なよい子になるが、自分で考えられなくなったり、他者をコントロールしようとしたりするようになる。

③消極・受け身型…温かく受け入れるが、厳しさはない。子どもの感情やニーズを受け止めるが子どもの気持ちが優先で、制限を設けない。

④無関心型…子どもの気持ちに関心を寄せず、制限やルールも設けない。いちばん問題行動につながるタイプ。

権威主義型や無関心型は、子どもが感情的・社会的な困難を抱えることが報告されています。また、消極・受け身型はよい影響があることもありますが、子どもが何かを成し遂げることに関してマイナスの影響が出ることもわかっています。

重要なのは、子どもの気持ちや思いを尊重することと、規則を守らせることのバランスともいえるでしょう。大人が一方的にルールを押しつけたり、ルールを守れないときに罰したりするのではなく、「ルールがなぜ必要なのか?」について丁寧に教えてあげてください。子どもとルールを一緒につくったり、見直す作業をしたりすることも、子どもに家族の一員としての責任感を芽生えさせるよい方法になります。

実例 11

テレビやネットのニュースを見て、ウイルスに感染したらどうしよう、地震が起きたらどうしよう、と不安になっているとき

×

「そんな心配してもムダでしょ」
「感染しないから大丈夫」

「もし感染しても病院に一緒に行って治そうね」「治療すれば治るから大丈夫だよ」「不安になっちゃったんだね」

解説

不安な気持ちをオウムくんにおきかえる

2020年から始まった、新型コロナウイルスのパンデミックで、子どもたちのメンタルが不安定になっています。連日の報道を見聞きしたり、自分の住む地域や学校内でも感染者が出たりするうちに、「自分が感染したらどうしよう」「家族が感染したらどうなってしまうんだろう……」と、不安な気持ちでいっぱいの様子の子どもたちもいました。

その心配する様子を見ると、「感染しないから大丈夫」と言ってあげたくなりますが、その場しのぎの言葉では、子どもも気持ちが楽になりません。

パンデミックに限らず、災害などに対して子どもたちが不安や心配を感じているとき、大人ができる対応には、三つのポイントがあります。

一つ目は、「実際にそうなったらどうするのか？」と想定して、子どもと話し合っておくことです。子どもの不安な気持ちの原因は「病気になって治らなかったら？」「家族と会えなくなったら？」「学校に行けなくなったら？」……そんな先の見えなさにあります。だからこそ、「じゃあ実際にそうなったときはどうするのか？」を一緒に話し合い、確認することが安心につながります。そのため、その課題を乗り越えられるプランを立てておきましょう。「○○病院で治療してもらう」「○○へ電話をかけて助けを呼ぶ」など、具体的に決めて言葉として伝えることで、子どももいざというときのことがイメージできて、心が落ち着くでしょう。

二つ目は、**子どもの考えや気持ちを外在化することです。**本人が不安を感じている

実例11

とき「不安にさせちゃう心配オウムくんが肩にいるね」と声をかけ、88ページでご紹介したネガティブなとらえ方をあらわすオウムくんが不安の原因とします。その子自身に何か問題があるというのではなく「一緒にオウムくんを手なずけよう」という姿勢で「○○くんの頭の中でオウムくんはどんなことを言っている？」と声かけしましょう。ネガティブ感情を一度自分と切り離し、「オウムくん」として外へとり出すことで、客観的かつ冷静な気持ちに切り替えることができます。この結果、不安を軽減するための行動をとる意識も芽生えてくるのです。

三つ目は、**どんな感情もずっとは続かないということを言葉にして伝えてあげることです。**「1年も2年もずーっと怒り続けたり、不安がったりしていたこと、これまでにある？」と尋ねてもよいかもしれません。そうした言葉かけを何度も繰り返すことで、子どもも少し気持ちを落ち着かせることができるでしょう。

今の不安は永遠には続きません。いつか必ず落ち着くということを知っておくのも、子どもの心を落ち着かせるために役に立ちます。

実例 12

ケガをしてしまって、大好きなスポーツがしばらくできないとき

×

「かわいそうに……」

「ケガじゃしかたないよ、あきらめよう」

「本当に大変な状況だよね。

でも、きっと乗り越えられるよ」

「こんな治療もあるから受けてみようか」

「まだ次のチャンスもあるよ」

解説

「希望」を持てる言葉を提示してあげよう

サッカーでレギュラーになれたのに、ケガで試合に出られなくなった。バレエの発表会前に、脚を痛めてしまった。がんばってきたぶん、子どもは深く落ち込み、「もう前と同じようにはできないかもしれない」と思い詰めることさえあるかもしれません。

そんなとき、落ち込んだ気持ちをすくい上げてくれるのが「希望」です。

心理学では、希望は感情の一つであり、物事のとらえ方の一つでもあると考えられています。

人が希望を感じられるきっかけとなるのは、「自分の求めるものを認識しており、その目標を達成するためのいくつかの方法を考えることができるとき」と「目標を達成するために動きだす意欲があるとき」です。この希望が生じるきっかけを、親は声かけでつくってあげるとよいでしょう。

治療法やリハビリなど、再びそのスポーツができるようになるための方法を調べて「ほら、いい治療がいくつかあるよ、やってみよう」と提示してあげるのも一つの方法。「え、ホント？　じゃあ治療受けたい」と意欲が湧き出たときに、希望も湧き上がってくるのです。

同時に、「私はきっとできる」「がんばり続けるぞ」といった意思が原動力になります。「もうこのスポーツは一生できないんだ」という考えを、「今までとは同じようにはできないかもしれないけど、治療すれば、またできるようになる」というように、

実例12

希望が持てる言葉がけをしていくことで、動きだす力を育てることができます。

目標に向けたいくつかの実行可能な道筋を生み出すことは、とても重要です。なぜなら、どの道筋がその子にとってベストなのかは、誰にもわからないからです。

人生では、うまくいかないこともありますし、いちばん望んでいたことがかなわないこともあります。それを受け入れることは簡単なことではありませんが、最善の手段が阻止された場合でも、希望を持っている人は、別の有効な道を見つけ出そうとします。

ときに、最善ではなく、次によい選択を選ばざるをえないこともあります。しかし次によい選択があれば、希望につながるのです。

ぜひ、こうした困難なシチュエーションに遭遇したときには、希望が持てる道筋を一緒にたくさん考えてあげてください。そして、一番ではなく「次によい選択」であっても人生を進めることができるという希望を持ち続けることが、レジリエンスの力につながります。

実例 13

すてきな絵が描けたとき、スポーツで活躍できたとき、テストで満点がとれたときなど、何かを達成できたとき

✕

「すごい、才能があるね！」
「さすが、頭いいね」
「やったね、おめでとう」

○

「たくさんの色を使ってかけたね。この色使い好きだな！」

「コツコツ計画的に勉強したものね」

「毎日忍耐強くがんばったね」

解説

努力したプロセスと性格的な強みをほめよう

子どもたちは、小さなころからの経験を通して、大人の伝えるメッセージを受けとっていきます。その結果、何を信じるのか、どのような物事の見方をするのかが構築されていきます。それを「マインドセット」ということは、先にお伝えしました。実は、子どもが何かをうまくできたときに、どういった声かけをするかが、このマインドセットに大きな影響を与えます。

「頭がいいね」「才能があるね」というように、その子の持つ才能や能力をほめることは、「あなたは能力や才能の有無で判断されている」「ほめられたことについては力があるけれども、別のことは才能がない」というメッセージを子どもに送ってしまうことがあります。

いわば、「生まれ持った才能や頭のよさに価値がある」といった形に固定されたマインドセットを育てることになります。才能をほめられて育った子どもは、上手にできることを認められたいと思い、難しい問題や新しい挑戦を避けるようになってしまいます。さらに、何か難しいことに直面したとき「自分に才能がないからだ。努力してもうまくできるようにならない」と考えるようにもなるのです。

また、「すごい！」「やったね！」というような、漠然と何がすごいかわからないようなほめ方も、ときに子どもを不安がらせてしまうこともあるので注意が必要です。

子どもが自分の力を信じて、これからもどんどん自分は成長できるんだ、と思う「成長マインドセット」を育てるためには、努力やがんばってきた過程に注目して、努力、

実例13

スキル、方法、向上したことをほめることが大切です。

また、「何が役に立った？」「いちばん難しかったことは何だった？」など、がんばった過程でうまくいったことや難しかったことを聞いてみることで、子ども自身にも結果ではなく物事の過程について考えるきっかけをつくることができます。

成長マインドセットを育てるコツは、結果ではなく、その結果を生んだプロセスに注目することです。すると、子どもは自分がどのようなことをすればうまくいくかを理解できるため、物事を前向きに見られて、レジリエンスも育っていくのです。

過程をほめることに加えて、その過程で発揮した、性格的な強みも伝えてあげるとより理想的です。「粘り強くがんばったね」「よく思いついたね！　とてもクリエイティブ！」といった声かけもプラスしてあげれば、行動と性格の両方を認めることができます。

子どもはプロセスをほめられることで「努力の大事さ」を、性格的な強みを指摘されることで「ありのままの自分らしさ」を、自らのうちに育てていけることにつながります。

実例 14

子どもが何かに夢中になって楽しそうにとり組んでいるとき

✕

「いつまでやってるの？

宿題は終わったの？」

「それの何が楽しいの？　よく飽きないね」

「楽しそうだね！　一緒にやってもいい？」「集中していたね。どんな気持ちだった？」「好きなことを楽しめるってすごいよ！」

解説

ポジティブ感情を共有する言葉をかける

ふと気がついたら、子どもが真剣な表情で何かを作ることに夢中になっていたり、楽しそうにゲームに熱中していたり。そんなとき、親御さんたちはどうしているでしょうか？　「子どもが楽しそうにしていれば、安心して別のことをしよう」と、家事や仕事に目が向きがちですね。

しかしながら、実はこんなときこそポジティブ感情を増幅するチャンス！　ポジティブ感情がレジリエンスを育てたり、新しい能力を開花させたりする着火剤であることは、1章で述べたとおりです。ポジティブ感情をじっくり味わうことができるように、ここは存分にサポートしましょう。

子どもが作業に集中していて、いわゆるフロー状態にあれば、じっくりと見守り、活動が終わったあとで「集中していたね。どんな気持ち？」と声をかけてあげてください。楽しかったことを人に話すことは、子どもの中に生まれたポジティブ感情を増幅させることにつながります。

また、**とても楽しく盛り上がっているようなときは、一緒に楽しむ仲間になるのもよい方法です。「一緒にやってみてもいいかな？」と声をかけ、楽しさを共有することも、ポジティブ感情の増幅につながるからです。子どもたちは、お父さんやお母さんと一緒に楽しいことをするのが大好きなのです。**

ポジティブ感情は単に気分が高揚するような喜びやワクワク感だけでなく、感謝、安らぎ、興味、誇り、希望や尊敬なども含まれます。

実例14

ポジティブ心理学の数多くの研究では、ポジティブ感情が、将来に対しての最善の投資であることを証明しています。ポジティブ感情がもたらす恩恵、そしてじっくりと味わう大切さについては、1章で詳しくお伝えしたとおりですが、ポジティブ感情が子どもたちと周りにいる人との絆を強くして、逆境や困難を乗り越える力につながることを、ここでも繰り返し強調したいと思います。

常に明るく、ポジティブな気持ちでいることをすすめているわけではありません。ネガティブな気持ちや出来事にも、実は宝が埋まっています。レジリエンスを育てるということは、ネガティブ感情をしっかり受け止めることで、その中から、その子が持つ宝の光を見つけ出すことでもあります。

ネガティブ感情をありのままに受け止めてもらうことで、子どもたちはそこから立ち直る力を得て、よりよい対応のすべを身につけていきます。そして、ポジティブ感情を大人とともに味わうことで絆を深めていけるのです。どちらもレジリエンスを育てるうえで欠かせないことです。

おわりに

実際の生活や子育てでは、理想どおりにも、育児書どおりにもいかないことが多々あります。

私が娘を出産した直後もそうでした。初めての育児に戸惑い、不安な中で育児書を隅から隅まで読み込んでいました。しかし、あるときふと、子どもに目を向けたとき、日々成長する娘がそこにいることに気がつき、「私が見るべきものはここにある」と、ハッとしました。子どもを観察し、子どもが何を伝えようとしてくれるか理解することが、お互いの絆を育てるのに大切であると、あらためて気がついた瞬間でした。

親の声かけが子どもの心に届くようにするためには、子どものありのままの姿を見ることが大きなカギとなるのです。もちろん、完璧な人はいませんから、人生の苦しい出来事に悩んだり、自分の選択や対応に自信が持てなかったりすることもあるでしょう。そのような気持ちを持つことは、決して親として失格ということではありません。子どもの心の力を育てるということは、複雑で、一筋縄にはいかないものです。子どもの成長に従って、課題も変化し、終わりがありません。

心を育てることは、いつでもプロセス（過程）です。この経験が次の成長、強さに必ずつながることを心に留めておいてください。さまざまな出来事が成長の過程となるよう、本書の声かけを活用いただけたとしたら、うれしい限りです。

最後に本書でご紹介させていただいた研究者のみなさま、日本ポジティブ教育協会の仲間、本書に多大なインスピレーションを与えてくれた、これまで出会ってきた子どもたち、保護者のみなさまに感謝申し上げます。また、私の情熱を丁寧に言葉にしてくださった木村直子さん、声かけで育てるレジリエンスの可能性に注目いただいた、主婦の友社の金澤様、黒部様。ともに本書を送り出せることを誇りに思います。

そして亡き父へ。「もっと人生で大切なことを教えてあげたかった」と言い残して亡くなりました。父の生きる姿、生前の教えは今でも私に生きる力を与えてくれます。

たくましく幸せな人生を生きる子どもたちの姿を思い描き……

2021年3月

足立啓美

著者　足立啓美　あだち・ひろみ

一般社団法人日本ポジティブ教育協会代表理事。認定ポジティブ心理学コーチ。メルボルン大学大学院ポジティブ教育専門コース修了。国内外の教育機関で10年間の学校運営と生徒指導を経て現職。現在は、ポジティブ心理学をベースとした教育プログラムの開発、小学校～高校、適応指導教室などさまざまな教育現場で、レジリエンス教育の講師として活躍中。ポジティブメンタルヘルスや組織開発にかかわる企業研修、ポジティブ心理学コーチとして管理職向けコーチングも行う。共著に『子どもの「逆境に負けない心」を育てる本』（法研）、『イラスト版子どものためのポジティブ心理学』（合同出版）、『見つけてのばそう！自分の「強み」』（小学館）がある。

ブックデザイン　今井悦子（MET）
カバー・本文イラスト　伊藤ハムスター
本文イラスト　Blue-mallow（p.90～91、141～146）
DTP　鈴木庸子（主婦の友社）
編集協力　木村直子
編集担当　金澤友絵（主婦の友社）

子《こ》どもの心《こころ》を強《つよ》くする　すごい声《こえ》かけ

令和3年 5 月31日　第1刷発行
令和5年10月20日　第12刷発行

著　者　足立啓美《あだちひろみ》
発行者　平野健一
発行所　株式会社主婦の友社
〒141-0021　東京都品川区上大崎3-1-1 目黒セントラルスクエア
電話　03-5280-7537（内容・不良品等のお問い合わせ）
049-259-1236（販売）
印刷所　大日本印刷株式会社

 Printed in Japan　ISBN978-4-07-447304-5

■本のご注文は、お近くの書店または主婦の友社コールセンター（電話 0120-916-892）まで。
＊お問い合わせ受付時間　月～金（祝日を除く）　10:00 ～ 16:00
＊個人のお客さまからのよくある質問のご案内 https://shufunotomo.co.jp/faq/